★ 卓球マニア養成ギプス ★

ようこそ卓球地獄へ

卓球コラムニスト

伊藤条太

卓球王国ブックス

ようこそ卓球地獄へ

　先日、銀行に勤めている知人から心温まる話を聞いた。卓球経験のない同僚がテレビで石川佳純を見てファンになり、勢い余って卓球教室に通い始めたという。京都大学ボート部出身で、日焼けした屈強《くっきょう》な体を持つ節《ふし》くれだった大男（そうに決まってる）が、齢《よわい》五十にして卓球を始めようというのだ。卓球ファンとしてこんなに嬉《うれ》しい話はない。末永く卓球を続けてもらいたいと心から願う。

　と同時に、彼がこれから味わうであろう試練を想像すると、いたたまれない気持ちにもなるのである。

　卓球は、勝ち負けを抜きにして打ち合うのならこれほど楽しいものはない。健康にもよいし、お金もさほどかからないし、人間関係を築くのにも最適である。しかし、卓球を始めれば勝負をしてみたくなるものだし、勝負をすれば勝ちたくなるのが人情である。ひと度《たび》そのような目的で相対したとき、このスポーツはまったく別の姿を見せる。

軽くて小さなボールには選手の心理状態がダイレクトに反映され、多様で策略に満ちた用具と戦術には全人格が反映される。ゆえに生じる勝者と敗者の優越感と劣等感のあまりにも鮮やかなコントラストが、まるで魅惑的な悪女のようにプレーヤーを翻弄《ほんろう》し、かつ惹《ひ》きつける。知れば知るほど、勝ちたいと思えば思うほど難しい底なし沼。これが〝卓球地獄〟だ。

彼のたどるであろう道を想像してみる。卓球教室でコーチから送られるボールを打つと不思議なくらい入り、コーチも「筋がいい」と言ってくれるので、この調子で上達すれば経験者に追いついて一泡《ひとあわ》吹かせることも夢ではないのではと思う。ところが生徒どうしでゲームをしてみると入らないどころかまったく教えられたとおりに打つことができず失意の底に沈む。メチャクチャな試合ではあったが勝つには勝ち、それが思いのほか嬉しく今度は有頂天になる。

このような高揚と落胆を繰り返しながら週二時間の教室に三カ月ぐらい通って初心者コースのカリキュラムが終了し、卓球の全体像が見えたような気がしたところで近所の卓球クラブに行ってみる。しかし、淡い期待は見事に打ち砕かれ、最年長のオバさんにすら相手にならない。どうしても納得がいかず、半年も通い続けた頃にこのスポーツの本当の難しさがおぼろげながらわかってきて、ボールの回転の見極めと足の動きを条件反射のレベルに高めるためには絶対的な練習量が必要と悟り、他のクラブにも入って練習量を増やす。

半年、一年と過ぎるうちにだんだんとボールに対応ができるようになり、ときどき腰を回した〝ちゃんとしたフォアハンド〟を実戦で打てる場面が出てきて、かつて卓球教室で習った基本がこのためだったかと膝を打つ。試合でも勝てるようになってくる。こうなるといよいよ本格的に卓球にのめり込み、家でも外でも素振りを頻発《ひんぱつ》するようになり、もはや頭の中は石川佳純よりも卓球そのもので一杯になる。

しかし初めて出た市民大会で見たこともない〝カットマン〟と、聞いたこともない〝粒高《つぶだか》〟のジイさんに今まで身につけた技術をほとんど何一つ発揮できずに負け、試合後の笑顔はこわばりトイレで泣く。ここまできて今さら止められるかとばかり、ストーカーのようになりふりかまわずその選手のクラブに押しかけて入れてもらい卓球の権化《ごんげ》と化すが、カットと粒高の克服の壁は予想以上に高く、自分も粒高を貼ったり剥がしたりペンにしたりの迷走を経て、気がつけば早五年の歳月が過ぎ去っている。

この頃になると技術も用具も知らないことはほとんどなくなり、初心者へのアドバイスやら試合の論評やらができる貫録・余裕のようなものが出てくる。ある日、クラブの仲間が連れてきた、卓球教室に通っているという小学生に手加減しようと思った矢先に、あわやスコンクかと思われるほどボコボコにされ、そのお兄ちゃんの中学生のサービスをまるで初めて卓球をした日のようにふっ飛ばし、やっと長い卓球道の螺旋《らせん》階段をひとまわりしたにすぎない自分を発見し愕然《がくぜん》とする。ああ愛《いと》しの卓球よ卓球さん。どうすれば微笑んでくれるのか。

しかし心配には及ばない。あの平野早矢香でさえ、全日本を五回制覇してなお「卓球と両想いになりたいんですけど〝おまえ、まだまだだよ〟と言われています」と語ったのだ。それほど卓球は奥が深く難しく魅力的でゆえに悩ましい。これを受け入れる者だけが卓球を楽しむことを許されるのだ。

ようこそ卓球地獄へ。そして楽しい卓球人生を。

卓球地獄

装幀……………若菜健
本文イラスト………伊藤条太

目次

第一章　奇天烈卓球人ファイル

第二章　卓球・卓球・卓球

第三章　妄想卓球スパーク！

第四章　アメリカン卓球ライフ

第五章　たまには真面目な卓球論

第一章

奇天烈卓球人ファイル

卓球研究指導家　田丸諭

月刊卓球王国でコラムを書き始めたのは二〇〇四年のことだから、かれこれ十年以上続けていることになる。その間、卓球関係の催しなどでいろいろな方々にお会いすることができた。その中でもひときわ奇特な方が、田丸諭さん御歳六十七歳（二〇〇七年当時）である。

初めて田丸さんにお会いしたのは、二〇〇六年ＩＴＳ三鷹で催された『荻村さんの夢』（卓球王国）出版記念パーティーであった。ひとしきりスピーチなどが終わり、参加者それぞれが立食形式で懇談している中で、ひとり家庭用ビデオカメラを誰かれかまわず向けて撮って回っているジイさんがいる。小柄で白髪で超然とした笑みを浮かべたその風体が、妙に飄々《ひょうひょう》としていて私の興味をそそった。

さっそく挨拶《あいさつ》を交わし、いただいた名刺を見ると「卓球研究指導家　田丸諭」とある。とてもニーズがありそうにもない強烈な肩書きから、早くも「トンデモさん」の香ばしい匂いが漂う。名刺には他にも〝卓球講習会七十回受講〟という、凄《すご》いんだか凄くないんだかよくわからない「実績」が書かれており、トンデモの疑いはいよいよ高まる。しばらく話していると、独自の卓球理論を図解入りで詳細にまとめた分厚い冊子を見せられる。うわ、やっぱり。この人は、誰に請われたわけでもないのに、もはや取り返しのつかない量の「仕事」をしてしまっているのである。

ここまでなら、ただのトンデモじいさんで終わりなのだが、田丸さんが並ではないのはここからである。彼は続けてカバンから「荻村伊智朗講演会」「日大OB会・荻村伊智朗と田中利明を語る集い」「荻村伊智朗・竹村健一対談テレビ放送」など、目が潰《つぶ》れそうな極希映像アイテムのDVDを取り出したのである。すべて、田丸さんが撮影・収録したオリジナル映像だと言う。聞けば、七十回の卓球講習会も、すべてビデオに収めてあると言うではないか。それは凄い！　その映像がではない。そんなことをしてしまっている田丸さんがである。実用の範囲をはるかに超えた営みこそが、人類のみに許された崇高な活動とはいえ、卓球講習会七十回撮影とは、香典袋のコレクションと同じくらいに非実用的である。実は田丸さんこそは、卓球に関するあらゆる映像を撮影収集する、おそらくは日本一の（しかもぶっちぎりの）「卓球映像マニア」だったのである。

その実態はどのようなものか。まず、卓球メーカーから発売される映像ソフトを問答無用ですべて買うことなど当たり前である。尋常《じんじょう》ではないのが、試合の撮影である。全日本選手権、全日本社会人、日本リーグ、全日本実業団、インターハイ、高校選抜、インカレ、ホープス等年代別、全中、中学選抜、最低これだけの大会を個人で二十九年間毎年撮影しているというのだから凄《すさ》まじい。卓球雑誌の取材でさえ交代ですることを考えれば、田丸さんは素人《しろうと》の身でありながら、プロの誰よりも多くの「取材」を趣味でしてしまっているのである。撮影量も凄い。会場に持ち込むビデオカメラは五台。全日本選手権ならテープ六十本、世界選手権ともなれば百四十本は撮影すると言う（何のために?という質問は禁句だ）。当然、自宅の六畳間は布団《ふとん》一枚のスペースを残してビデオで占められていると言う。これで妻子に逃げられないのが不思議であるが「月六万円の小遣いの中でやりくりしているので大丈夫」と涼しい顔で語る。本当だろうか。

全日本選手権では初日から張り込んで無名選手の撮影からする。「選手から怪しまれませんか」と聞くと「なに、お互いに相手の選手の父兄だと思うから」とシレッとしている。さすがだ。この達観した態度が素晴らしい。

田丸さんは福井県生まれ。中学高校と卓球部に属していたが、選手としては一流どころか、無名の高校のそのまた中堅の選手であり、どこに出しても恥ずかしくない無名選手である。高校を卒業すると大阪府門真市の松下電工に入社し、事務系の仕事につく。四十歳になったときに一念発起し、年間二五〇日の練習を自分に課したが、その成果は「特に無かった」と言うのだから、オチがないどころの話ではない。映像収集を始めたきっかけも特に無いようである。

　田丸さんは近年、ある複数の有名チームから映像提供を求められ、一部でその存在が認知されつつある。しかし、残念ながら現在の日本卓球界には、田丸さんの仕事を評価する場は存在しない。六畳の「田丸ライブラリー」に眠っている途方もない量の映像が、はたして宝物なのかガラクタなのか、それは誰にもわからない。田丸さんはこれからもビデオカメラをリュックに詰めて試合会場に通い続けるだろう。

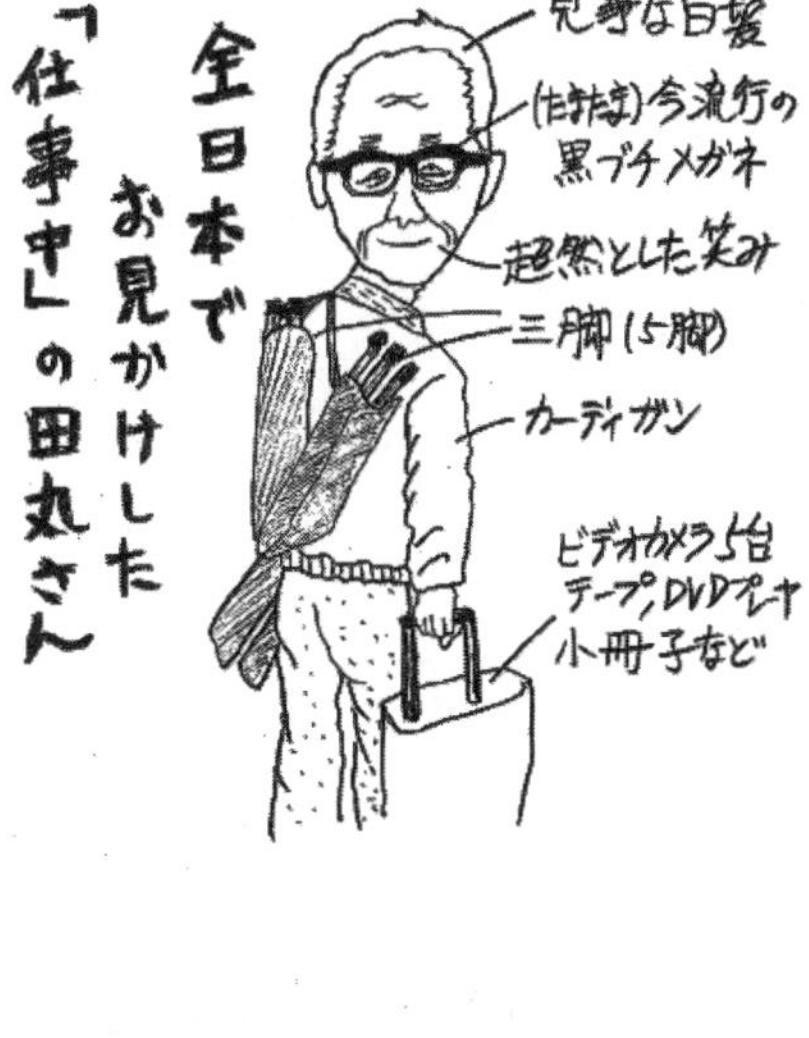

奇天烈営業マン　Yさん

つい昨年、田丸さんに匹敵する奇天烈な方とお会いすることができた。営業マンのYさんだ。Yさんは私と同年代の建材会社に勤める営業マンだが、私のコラムの大ファンだということで熱烈なお誘いを受け、仙台で夕食をご一緒したのだ。

この方、卓球に対する情熱は疑いないのだが、その実力はあまりに絶望的である。なにしろ高校三年の時に「横回転を返せないので先輩にアンチにさせられた」と言うのだから尋常ではない。謙遜《けんそん》するにしても度を越している。普通、そこまで下手《へた》だと情熱を保ち続けることは難しいはずだが、Yさんはなぜかそれを実に楽しそうに語るのだ。まるでそこにモチベーションがあるかのようでさえある。最初こそ戸惑った私だったが、途中からは調子に乗って一緒に笑わせていただくという、実に珍しい会食となったのだった（本当によかったのだろうか）。

話を聞くと、そもそもYさんの場合、上手《うま》いとか下手とか言う以前の問題が山積みなのだった。「後半でリードされるとすぐにあきらめるのが欠点」と言うので、なるほどと思っていると「5―7ぐらいになるとあきらめるんです」と言う。これは欠点というよりはもはや欠陥だろう。また、いつも勝負どころでレシーブが回ってくる原因が、自分がトスでサービスを選んでいるためだとは最近まで気づかなかったと言う。いったい何が起きているのだろうか。

Yさんは「練習効率アップの秘策があるんです」と語った。それはネットを下げることだと言う。ネットを下げるとボールがバンバン入るのでミスが少なくなって練習効率が上がると言うのだ。何かものすご～く本末転倒のような気がするのは私の頭が固いからだろうか。それならいっそのことネットを外《はず》してしまえばよいかと言えば、それはダメだと言う。ネットを外すと自分のコートに打ったりして相手の取れないボールが続出するので練習にならないのだそうだ。じ、自分のコートってアナタ……一体どれだけコントロールが悪いのだろうか。

自分が下手なことを楽しそうに話すので、勝敗にこだわらないのかと思うとそうでもなく、勝負への執着《しゅうちゃく》心は人一倍だ。小学生と試合をするときは「徹底的に叩《たた》く」ことを心がけていると言う。勝負の厳しさを教えるためではない。中学生になったら絶対に勝てなくなる（トホホ）ので、嫌な印象を与えておくことで大会で当たったときに間違って勝てるようにだと言う。勝負の厳しさを味わっているのは自分なのだ。そして一度勝ったら二度と試合はしない。試合を申し込んでくる小学生はもっとも危険な存在で、絶対に試合はしないのだそうだ。「試合を断るとみんな驚きます」と得意気だが、それはそうだろう。こんな卓球愛好者は聞いたことがない。

これほどの人物だと当然、奇天烈なのは卓球だけでは済まない。仕事では、ジャカルタ支社への赴任《ふにん》を希望しているが、その理由は、世界選手権にインドネシア代表で出場するためだと言う。インドネシアなら強い選手がいないだろうとのことだが（激しい間違い）、インドネシア国籍もなく横回転も返せず5－7であきらめる中年男がいったいどうやったら世界選手権に出られるというのだろうか。

赴任を希望するくらいだから英語には自信があるのかと思えばこちらも絶望的だ。中学生の息子の教科書を見たら最初のページに「Hello Tom.」と書いてあって、自分たちの時代の「This is America.」と違うので挫折《ざせつ》したと言う。5－7どころかラブオールであきらめたような話だ。そんなことでどうやって赴任できるのかわからないが「卓球の邪魔にならないよう家族は置いていきます」と意気込む。

類希《たぐいまれ》なる意思の弱さと、ずうずうしいまでの楽観性、そして勝利への渇望、これがYさんなのだ。

先日、元世界チャンピオンのパーソンとフェッツナーに挟まれてピースサインを出しているYさんの写真が送られてきた。出張先の松本駅のホームで偶然に遭遇したのだと言う。なんという引きの強さだ。Yさんほどの飛び抜けた情熱の持ち主には、卓球の神様も根負けし「めんどくさいなぁ」とか思いながらも特別な計らいをするのだろうか。

それにしてもYさん、本業では一体どういう営業マンなのだろう。玄関先であきらめて帰ったと思ったらいきなり請求書を送りつけたりするムチャクチャな様子を想像してしまうのだが、まさかそんなこともあるまい。人当たりがよく話が抜群に面白いので、意外と優れた営業マンなのかもしれない。

ある営業マンの告白

少し前になるが、営業マンのMさんと代理店のAさんという方々と一緒にお客様のところをまわったことがあった。私はどちらとも初対面だったので、車中つとめて世間話をした。私は世間話は得意ではないのだが、Aさんが所沢の出身だと聞き、すかさず「タマスの工場がありますね」と卓球の話に持ち込んで蘊蓄《うんちく》を披露することに成功した。我ながら見事な反射神経だ。

仕事が終わってAさんと別れた後、Mさんが「喫茶店で今日のまとめをしましょう」と言う。「実は私も卓球をしていたんです」とMさんは切り出した。実はと言うほどの話でもないと思うのだが、Mさんにとってこれは大変な告白だったのだ。

Mさんは中学高校の六年間を卓球部で汗を流した。ところが大学に入ったときに、なんとなく卓球をやっていたことが恥ずかしいという雰囲気を感じ取り、その過去を封印してしまったのだと言う。大学入学は一九八五年であり、まさに「卓球根暗ブーム」の直撃を受けた世代だ。現在の彼の優れた営業マンの地位を築いた、場の空気を読むことに長《た》けた特性が卓球を封印したのだろう。ほとんど同時代にもかかわらず、これでもかとばかり卓球にのめり込んだ私とは人間の特性が正反対なのだ。Mさんの決心は固く、奥さん以外の人に卓球について話したことは一度もないと言う。実に二十七年間も「卓球」を封印してきたのだ。

そういうMさんにとって、車中、Mさんの表現を借りれば「異常な熱意」で卓球について語る私の姿は、奇妙かつ驚異だったと言う。そのショックに加え、ときおり私が発する「タマス」「ニッタク」などのキーワードが彼の心を揺さぶり「心の中で何かがほぐれ始めた」のだそうだ。そして封印していた卓球への思いが一気に溢《あふ》れ出し、告白せずにはいられなくなって喫茶店に誘ったのだと言う。「伊藤さんのおかげで肩の荷が降

りました」とMさんは語る。そこまで卓球に否定的感情を持っている人に感謝されるというのもなかなか微妙な気持ちだ（感謝されているのでなければぶっ飛ばすところだ）。

二カ月後、私はMさんと再会し、お酒を飲みながらその後の話をじっくりと聞かせてもらった。

Mさんはあの告白で仕事でも何か吹っ切れた感じになり、人生が変わったと言う。「上司にも言ったんです」卓球歴とは上司に報告しなくてはいけないほどのことらしい（苦笑）。このあたりがまだまだ吹っ切れていないところだ。

今回の告白で「やっと自分が一つになったような気がします」と語るMさんは、本当は大切だった卓球の思い出と、それを封印してしまった二十七年間の「心の旅」について語ってくれた。

使っていたラケットはバタフライの『閃光』。グリップエンドが斜めにカットされていて木目がデザインされたやつだ。ラバーはTSPの『スペクトル』。河野満に憧れていたと言う。丘の上にあった高校で、休憩時間に戸を開け放つと吹き込んでくる風の心地よさが忘れられないと言う。高総体では地区予選の一回戦で苦手のカットマンに負けた。もし勝っても次もカットマンだった。誰かが自分を潰すために組み合わせを操作したに違いないと今でも思っていると言う（たぶん違うと思う）。

大学では〝男らしく明るい〟ホッケー部に入って、一年中日焼けをした肌を手に入れた。社会人になってからはウインドサーフィンで、卓球ではタブーだった「風」を手に入れた。もはや卓球の影はどこにもない。あるとき、ウインドサーフィンの先輩が、仲間の前で昔卓球をやっていたと語るのを聞いた。腰を入れた素振りまでして見せたという。Mさんにはそれがドライブの素振りであることがすぐにわかったが、自分も卓球をしていたとは言えなかった。なんと自分は小さい人間だったのか。職場のみんなとゴルフ場のラウジンで卓球をしたときもMさんは「素人」のふりをした。メンバーの中にもう一人経験者がいることがわずかなボールタッチでわかったが、お互いに語らず視線を交わした。「そういう人って結構いると思うんです」とMさんは語る。

「今度、卓球をしてみようと思ってるんです」

Mさんはすっきりした顔で語った。我々卓球人は偏見を持たれるのも蔑《さげす》まれるのも慣れている。それらは卓球の面白さそのものに比べたら取るに足らない。長い心の旅から帰ってきたMさんを卓球界は歓迎する。「Mさん、お帰りなさい」と言いたい。

ただ卓球を好きだというだけのことで、人の役に立つことがあるとは思いもしなかった。

〝熱海の樋口先生〟

〝熱海の樋口先生〟というフレーズを聞いたことがあるだろうか。一九八〇年代に卓球雑誌を読んでいた人なら何度か目にしたことがあるはずである。高島規郎（一九七五年世界三位、元全日本監督）と小野誠治（一九七九年世界チャンピオン）の話に必ず出てくるカリスマ指導者である。

そのエピソードは強烈である。高島が初めて樋口先生を訪ねたとき、いきなり夜の十二時から練習が始まり、そのまま三泊四日一睡もせずに練習が続けられたという。疲労と睡眠不足で高島の記憶が飛んでいる疑いもあるが、とにかく途方もない練習時間だったことだけは確かだろう。あげくに樋口は知人に「あんな体力のないやつは使いものにならないからもうよこすな」と言ったというから異常どころの騒ぎではない。またあるときは、六時間ぶっ続けでスマッシュを拾う練習が続けられ、高島はその間に三回気絶したという。これはいったい、卓球の練習なのだろうか。

これほどもの凄い指導者にもかかわらず、この人物の名は、高島と小野の発言の中に出てくるだけで決してプロフィールが紹介されることはなかった。そのため当時の読者は、〝熱海の樋口先生〟とはいったい何なのか、経歴や職業はおろかフルネームさえ知ることができない謎の人物だったのである。

ところが探してみるもので、樋口について書かれた本は卓球界の外にあった。『魔力の男スポーツ界の教祖たち』（徳丸壮也著・一九八二年ＰＨＰ研究所）である。そこには樋口がまさに〝卓球界の謎の人物〟として、本人の貴重な肉声とともに詳しく紹介されていたのである。

男の名は樋口俊一といい、熱海のホテルの経営者である。そのホテルの大浴場の入口に置い

※イメージ図です

た卓球台で、樋口は日本代表選手の半数にものぼる選手たちを指導してきた。しかし「田舎の温泉宿のオヤジが師匠というのはさしさわりがあるため」みんなそのことを隠しているのだという。樋口の隠れ門下生の第一号はなんとあの田中利明で、ライバルの荻村伊智朗に隠れて樋口を訪ねてきたという。他にも松崎キミ代、河野満、伊藤繁雄、阿部博幸、前原正浩など、日本卓球史に残る名選手のほとんどの名があげられているのだから驚く。これが本当なら、樋口は間違いなく日本一の指導者である。

樋口は、大正五年に生まれた。祖父忠助は幕末に一代で財をなした明治の豪商であるが、二代目忠助は株で失敗し、俊一が生まれたときには一文なしになっていた。「ひぐちシーサイドホテル」は祖父忠助が明治十三年に建てたものを俊一の母が一人で再建したものである。このように、幼くして経験した栄華と滅亡は俊一を宗教的なものに向かわせ、聖書や仏教書をむさぼり読むようになる。俊一が初めて卓球のラケットを握るのは、慶応大学予科に入学してからだ。しかし選手としての実績は残せず、指導者として一流になることを決意する。指導にあたっては、大学で学んだ法医学、心理学、流体力学を背景に独自の宇宙観を加え、俊一は最終的に「ピンポン球は一個の宇宙であり、その内部に無限の魂を込めることができる」と考え、さらに「人類は破滅に向かっており、それを救うのは卓球しかない」という悟りに行きつく。このあたりから完全にあちら側の世界となる。それにしても「試合を競技だと思うな。殺し合いだ。人を斬るつもりでラケットを振れ」という考えと人類を救うことがどう関係するのか理解することは難しい。一方で、技術的にはかなり理論的なことが語られている。インパクトの瞬間を「低レイノルズ係数における流体力学の問題」ととらえ、独自に考案した「純粋卓球理論」から〈ニュートラル〉と〈フィギュア〉という重要ファクターを導き出し、〝岩打つ波〟打法を選手に指導したということらしい。要するに、大変に難しいのだ。

しかし実は樋口の卓球理論をわかる必要などない。樋口が選手に伝えたものは、技術ではなく、魂なのだ。「この世に、私は何も残しません」と樋口は言い残している。そしてその言葉どおり、樋口の訃報《ふほう》は大きく報じられることもなく、現在の卓球界に樋口の痕跡《こんせき》はない。しかし、凋落《ちょうらく》著しい日本卓球界には、選手の魂をわしづかみにする樋口の〝魔力〟こそが必要なのではないだろうか。勝つためなら魔力だろうが霊能力だろうが使わない手はない。

荻村伊智朗という男

城島充の荻村伊智朗伝『ピンポンさん』（講談社）をアマゾンで入手したが、読み出したとたんに鳥肌が立って読むのを止めた。まずい。こんなのを読んだらふざけたコラムなど書けなくなる。原稿を書き終わるまで読むのは止めることにした。

私が荻村伊智朗という男を知ったのは中学校の図書室から借りた『卓球世界のプレー』（講談社）という本であった。「上体が一八〇度、ラケットが三六〇度も回転する快心のスマッシュ（ヨハンソン）」とか「これはほんの四秒くらいのラリーだが、二人合わせて二十年近いキャリアのこもった内容であった（ベンクソン対長谷川の連続写真）」といった、インチキ臭くも、有無を言わさぬ知的な迫力に、中学生の私は完全にノックアウトされたのだった。おかげで三十年経った今もこの本は家の本棚に入ったままである（ごめんなさい）。

彼が本当にとんでもない人物だとわかったのは、大学に入って卓球雑誌や指導書を読むようになってからである。なにしろ彼の視点は恐ろしく高いのだ。それはいいのだが、その視点のまま他人を頭ごなしに啓蒙《けいもう》しようとするので、それが一般人にとって突飛《とっぴ》な話になり、その結果として荻村の話は、よくて自慢話、ヘタをすると単なるホラ話になってしまっているのである。そしてそのギャップこそが、荻村ワールドの醍醐《だいご》味《み》なのだ（私がおかしいのだろうか）。

たとえば『実戦卓球Q＆A』（大修館書店）という本がある。ラバーの貼り方についての質問に対して荻村は「ボールは実際には一センチ四方ぐらいの所に当たりますので、そのくらいでもよいのですが、五センチ四方ぐらいがしっかり貼れていればなおよいでしょう」と、ホラ話スレスレのアドバイスをよりにもよってラバーの貼り方も知らないド素人に向けて書くのだ（さすがに本人も「何か」を思ったようで、後の版ではこの部分がすっぱりと削除されている）。『世界の選手に見る卓球の戦術・技術』（卓球レポート編集部）で荻村は卓球というスポーツの競技条件をリストアップする。その中になんと〝大気中で行う〟とか〝人間が行う〟という項目があるのだ。たしかに世の中には水中で行う水泳や、犬や亀のレース（スポーツか？）があるとはいえ、この話の大げさ加減が素晴らしいではないか。

たとえば一九九一年世界選手権幕張大会のテレビ放送。アナウンサーが、単一競技に千人もの選手が集まったことに触れると、荻村は「二千年来初めてじゃないですか」とさらりと語る。この調子でいちいち唐突に話がデカくなるのでアナウンサーも大変である。一九八五年世界選手権エーテボリ大会テレビ放送のアナウンサーはもっと大変である。中国選手の反射神経の速さに驚いたアナウンサーが「反射神経というのは訓練で身につくものなんですかねえ」と聞いた。すると荻村はその質問にまったく答えずに、自分が反射神経の測定をされたときの話をはじめ、「人間の最高の値が出ましたね」と締めくくったのである。「なんじゃそりゃあ!」と言わなかった高山アナウンサーはさすがに大人であったが、私には「あうっ」という心の声が聞こえたような気がした。普通の人にとってはこれは、わけのわからない自慢話である。ところが荻村にとってはこれは自慢話ではないのだ。あくまで自分自身を客観的に評価した結果を語っているにすぎず、それをここで披露したのは卓球のステイタスを上げるためなのである（だと思いたい）。生身《なまみ》の人間が荻村の相手をするのはつくづく大変なことだったと思う。

自らが病に侵され死期を悟ったあるとき、全日本の候補合宿に顔を見せた荻村は選手たちに「卓球選手にとって大切なものは何か」という問いかけをする。「サービスです」「レシーブです」などと口々に答える選手たちを尻目に荻村は「一番大切なのは命です。次に大切なのが時間です」と答えたという。こんな禅問答をされた選手たちはさぞかし困ったことだろう。荻村はこの期《ご》に及んでなお、いや、ますますもって底の抜けた話で余人をよせつけない境地に達していたのである（本人の意図は別にして）。

　城島充の『ピンポンさん』が、孤独な天才と周囲の献身の物語を綴った「本編・感動編」だとすれば、このコラムはいわば「注釈・ツッコミ編」であり、もちろんそのどちらも真実である。荻村伊智朗とは、それだけ巨大な人物だったのである。

天才・村上力

村上力ほどの天才が、他にいるのだろうか。学生時代の後半、桔梗苦羅舞《ききょうくらぶ》で村上さんの卓球を間近に見ながら、いつもそう考えていたものである。彼が全国的にラージボールのカリスマになった今、やっぱりこんな人はどこにもいなかったのだなと、あらためて思う。村上さんは、自分には卓球の才能はないと語る。それでもある程度勝てる（全日本選手権の硬式・軟式の各種目で十回優勝）のは、〝頭を使っているから〟なのだそうだ。ところが、彼の作戦とは「カーブドライブでサイド切って次をシュートかける」とか「相手のツッツキの回転を残して下回転を入れたスマッシュをする」など、凡人が聞いても実行できないものばかりなのだ。こういう思いつきを試合で実行できるところが天才なのだが、本人にその自覚はない。

だいたい彼は卓球の練習というものをほとんどしない。練習場では（あるときは試合会場でさえ）クラブの連中ともっぱら将棋さしであり、「オレ、試合が練習だから」と語る。

たまにする練習も悪ふざけしながらのゲーム練習だけで、間違っても基本練習などしないし、トレーニングやランニングなど一度もしたことがない。これほどふざけた、青少年の教育に悪い人はいないのである（ある意味、真の教育ともいえる）。

もっとも本人の話では、二十代前半までは、卓球で日本一になることだけを考え〝二十四時間卓球していた〟そうである。誰にも卓球を教えられたことはなく、一人で実業団や大学の体育館に行っては年齢や所属を偽って練習し（このころから偽ることが得意だったようである）、夢の中でも卓球をしていたのだという。どこまで本当の話かわからないが、村上さんが誰にも卓球を教わったことがないことだけは本当だろう。

オールフォアのドライブ全盛の一九七〇年代に、ペン異質反転両ハンドオールラウンド型。台上のすべてのボールに甚《はなは》だしい逆モーションを加え、攻め込まれれば中後陣から変化ロビングと※逆変《ヘン》で相手を撹乱《かくらん》し、ストップされれば台の下で変幻自在の〝※踊り〟を加える。これらすべての打球に、裏ソフトを日干しにした自作のアンチ（アンチが発売される前なのだ！）を自由自在に混ぜる。こんな卓球は普通の市民が考えつくものではないし、教える人がいたはずもない（指導者がいたら間違いなくブン殴られている）。

私が大会で初めて彼の卓球を見たときに感じたのは、自分の卓球観が否定される不快感だった。〝桔梗苦羅舞〟というおどろおどろしいネーミング、異様に華奢《きゃしゃ》な体にフェイントだらけのわけのわからないプレー、そのくせ妙に上品な試合態度。それはスポーツマンというよりは詐欺《さぎ》師に近く、どう見ても表社会の人間には見えなかった。どうしてこんな人が強いのか、卓球はこういうスポーツではなかったはずではないか、そういう思いであった。硬直した卓球観しかなかった私には、村上さんが、卓球競技の本質である「回転」と「予測」の策略を極めた天才であることを理解できなかったのである。

その後私は、ある縁でクラブの一員となったのだが、村上さんと接してその卓球理論にあっという間に魅了されてしまった。それは何もかもが初めて聞く話で、しかも説得力があり、なによりその理論が正しいことを彼自身がプレーで実証していた。

魅力的なのは卓球理論だけではない。二枚目俳優ヒュー・グラントのようでもありサルのようでもある不思議なマスク。他人に対する繊細な気配りを見せる一方で、手前勝手な理屈でどんな相手もまるめ込んでしまう話術。人を小バカにした絶妙なユーモア。それらもまた卓球同様にトリッキーな魅力を放ち、人を惹きつけるのだ。

しかし村上さんのプレーの表面的な部分に影響を受けることは大変危険である。彼の卓球理論・指導は本質を突いた鋭いものだが、彼のプレーそのものは一般人の参考にはならないのだ。多くの凡人が彼の真似をして「三球目変化ロビング」を試合で連発して、いったいどんな目に遭ったか想像してみてほしい（私もその一人だ）。

　彼の卓球は、他の誰にも真似のできない夢の卓球である。我々凡人に許されるのは、ただ彼のプレーを鑑賞し、卓球競技の奥深さに想いを馳《は》せることだけなのである。

※逆変：わざと相手から見える位置で打球して、通常の逆方向に曲がる特殊な打法を意味する村上さんの造語

※踊り：台より下で、相手から見えない位置でラケットを左右に動かし曲がる方向を撹乱する打法を意味する、村上さんの造語

バリー・ヘイター

東京近郊の卓球界で〝バリさん〟と呼ばれる有名人がいる。バリー・ヘイター六十二歳（二〇〇九年当時）。英国から来日してすでに三十数年、本職は大学の英語講師だ。外人だというだけでも目立つのに、素人のようなフォームで天才・村上力さんと大接戦を演じるほどの実力なのだから、嫌でも会場の注目を集めてしまう。注目を集める理由はそれだけではない。実はこの人、試合になると相手や審判、はては観客にまでクレームをつけて必ずモメにモメるという、途方もなくやっかいなジイさんとしても有名なのだ。そのくせ試合以外では誰にでも陽気に話しかけるという、真意の計り知れない奥の深さを持つ。なんと魅力的な人物なのだろうか。

と言うわけで、あるとき、編集部の仲介でバリさんと居酒屋でめでたく初対面をしたのだった。

バリさんは、話に聞いていたとおりの気さくな人だった。聞けば卓球王国の私のコラムも毎月読んでいるという。それなら話が早い。私が会いにきた理由も察しがついていることだろう。

　バリさんの試合は台の水平度の調整と執拗《しつよう》なボール選び、エアコンの風や会場の温度のチェックから始まる。区の大会なのに、まるで世界選手権並だ。そもそも彼は、自分が周りからやっかいな人物だと思われていることを自覚しているのだろうか。「もちろん。俺、バカじゃナイんだから」と異様に流暢《りゅうちょう》な日本語が返ってきた（バカじゃなかったのか……）。それほどの精度が必要な卓球かと思うが「納得してプレーするタメ」と言われれば反論はできない。しかし勝負どころで相手にクレームをつけるというのはどうだろうか。バリさんに言わせるとそれは「因果関係が逆」で、勝負どころで相手が違反サーブを出してくるのが原因だと言う。ホントかよと思うが「ミンナ、ヤリます」とした

相手のクセ覚えるノ大事ナンだよ
卓球マシンのクセも全部覚えタヨ
それは違うと思う・・・

り顔だ。「じゃ、相手が違反してなかったらクレームしないんですか」とヤケクソを言ってみる。「スル理由ないデショ」うぅむ、完璧な理屈だ。

クレームすることが正しいとしても、他人から嫌われることは気にならないのだろうか。「戦争体験デスよ」とバリさんは語る。留学していたイスラエルでミサイルが飛び交う中をトラクターで走った経験に比べればこんなことは何でもないと言うのだ（その勢いで卓球されても困るんだが）。これでは話がまともすぎて記事にできない。どうしよう。

バリさんの話が怪しくなってきたのは、インタビューを始めて二時間もたってからだった。審判がカウントをコールしないと〝リズムが狂うので〟ルール違反だと言うのだ。いくらなんでもそれは言いすぎだろうと思う間もなく〝ラリー中にベンチの選手が立ったり座ったりするのも気が散るのでルール違反〟〝ナイスボールと相手を誉めるのもナメていて失礼だからルール違反〟だと言う。それまでの話に感心していた私は驚いて「バリさん、そんなことまでクレームしてるんですか!?」と叫ぶと、なんとバリさん「俺サ、試合になると頭真っ白になって何も覚えてナイの」と爆弾発言。ひょーっ、お、覚えてない！　バリさんは、自分がクレームしていることをほとんど覚えてないと言うのだ。これだ！　多くの人が実際に目撃したという「話をしていた観客にクレーム」とか「ベンチの白いソックスにクレーム」というのは、〝正気を失ったバリさん〟のしわざであり、スポーツのフェアネスやルールの厳しさ、戦争体験を語るバリさんとは別の人なのだ。さらにバリさんのラケットを見せてもらうと、二十年以上も前のとんでもない粒形状のラバーが貼ってあることが判明。こんなの使っていいのか。「ルールの盲点デスネ」言ってることがよくわからない。

どうやらこのジイさん、平素は人のよいオヤジだが、勝負になるとその知性と論理を武器にあらゆる手を使って勝ちに行き、集中すると正気を失うという、とんでもないジジイなのだ。

十八歳年下の日本人奥さん（！）と結婚するときは「卓球は月二回」と約束して、結婚すると「月二回は試合の意味ヨ」と言って毎日練習するという極道者。試合を見に来た九歳の息子に試合態度をたしなめられた悪ガキおやじ。これこそ私が期待していたバリー・ヘイターだ。素晴らしい。

帰り際にバリさんは「何書いてもいイイよ。気にシナイ」と言ってくれた。私はその気づかいに感謝しつつ、試合で当たることがないことを願いながらこの愛すべき男との別れを惜しんだ。

第二章

卓球・卓球・卓球

私の中学時代

私が卓球と出合ったのは、小学校高学年の頃だった。近所の集会所で子供会か何かの集まりがあった。そこに大工だった私のひい爺《じい》さんが作ったという手作りの卓球台があったのだ。そこで私は、自分が他の子供たちより卓球が上手いことを発見した。野球にしてもドッジボールにしても、そういうスポーツは他になかったので、卓球はすぐに特別なスポーツになった（こういうところが卓球の特異なところだ）。

そんなわけで、中学（岩手県奥州市立小山中学校）に入ると迷わず卓球部に入ったが、そこは怖ろしい先輩たちの巣窟《そうくつ》だった。仮入部の間は「才能あるぞ」などとおだてられていたが、正式に入部すると態度が豹変《ひょうへん》した。卓球は全然させてもらえず、きつい体力トレーニングと球拾いだけで、ボールを捕り損なうとその回数だけビンタ、毎朝の部室そうじに先輩より遅く来たらビンタという部だった。ビンタされたくないので七時前に部室に行くと、すでに先輩がいた。ビンタしたさに、六時に来たと言う。アホだ。

こういう三年生のイジメに耐えかねず、二年生はすでに三人しかいなかった。この三人が、自分たちの辛い経験を活かしてやさしいかと思えば逆で、三年生が引退すると更にメチャクチャなことをやり始めた。まず、新キャプテンを多数決で決めるのだが「俺に入れなかったらどうなるかわかってるだろうな」と陰で一年生全員を脅し上げた人がキャプテンになった。お先真っ暗である。二年生三人はそれぞれに曲者《くせもの》で対立しており、各自勝手にやりたいもんだから一年生を三つに分けて班を作り、別々に部活をやったりした。

キャプテンの班の一年生はとにかく悲惨で、台から顔だけ出させられてスマッシュを当てられたり、つま先立ちのために、ズックのかかとに画びょうを仕込まれたりした。あげくはプロレスの技をかけられたり雪に埋められたり賭博《とばく》を強要されたりである。ひどい部

活もあったものだ。

もうひとりの先輩は、ピンポン球で野球をやったり、卓球台に穴をくり空けてゴルフをやったり、卓球以外の遊びにとても熱心な人だった。私はこの人の班で、「今日は卓球とゴルフのどっちをやりたい？」と聞かれて「卓球」と答えて泣かされたことを覚えている。何かの罰として股《また》の間から後ろをのぞく格好で球拾いをさせられたが、逆さにバウンドしてくるボールを捕るのは至難の業だった。怖い人ではなかったが、奇妙な遊びや罰ゲームで人をイジメるのが大好きな人だった。

そしてもうひとりの先輩が、高橋さんといって、私が人生で最初に出会った卓球狂だ。卓球レポートや指導書を熱心に読み、伊藤繁雄を崇拝していた。この人、アホではないのだが、困ったことに狂っているので、やたらと厳しい。後輩がミスをすると台の向こうから走ってきてとび蹴《け》りを食らわすのだ。顔を何発も殴られた奴もいた。短気で独善的でしかも理論家。これより怖ろしい先輩がいるだろうか。研究と称して、いろいろと打ち方を変えたドライブを私にブロックさせ、スピード、回転量、重さの三つを私に判定させたりした。ビクビクしながら「えーと、スピードは中くらい、回転はありましたが軽かったです」などとわけのわからないことを答えるのは、別の意味で苦しい練習だった。とても怖ろしい先輩だったが、彼の卓球に対する情熱と語り口には、決定的な影響を受けた。指導者もいない農村の中学校に、あれほどの情熱を卓球に注ぐ中学生がいたというのは驚異である。

一年の夏休みに、岩渕さんという人がスーツに革靴を履いたまま土足で体育館に現れた。中学校の卒業生で当時、高校三年生だったはずだが、大人に見えたものだった。岩渕さんはやぶから棒に「こんなことでは県大会では通用しない」などと雲をつかむような話をして我々を当惑させると、一年生九人を身長の順に並ばせ、小さい方から三人を前陣速攻、中ぐらいの三人をドライブ型、大きい方三人をカット型にすると言い放った。戦型というものを知らなかった私たちにとって、これは十分に刺激的な出来事だった（私は前陣速攻に分類された）。岩渕さんは当然ながら二年生の三人と折り合いが悪く、ほどなく来なくなってしまったが、後に進学した水沢高校でOBとして再会することになる。

そんなデタラメな状況だったが、最後の中総体では組み合わせに恵まれて郡大会で個人三位になり、県大会に出て一回戦で負けた。後輩をイジメることはなかったが、なぜかその時期のことはあまり記憶にない。今懐かしく思い出すのは、ひどい先輩たちのことばかりだ。良くも悪くも、これが私の中学時代である。

私の高校時代

中総体で組み合わせに恵まれて県大会に出場できた私は、岩手県立水沢高校に入学すると一目散に卓球部に走った。そこで見たのは怖ろしげな練習風景だった。スネ毛の生えそろった老《ふ》けた連中が「集中！」とか「妥協するな！」などと聞きなれない単語を口々に叫び、ときどき先輩どうしが口論したりしている。突然「チクショー」と絶叫しながら猛烈な素振りをする人がいたり、なんだかずっと正座したままの人もいる。頭を青々と剃《そ》り上げ、トレーニングのためと称して八キロもの道のりをリュックサックを背負って走って通っているという、明らかに努力しすぎの先輩もいた。そして、それらを監視するかのように、一癖も二癖もあるＯＢたちが不規則に練習場に現れるのだった。

卓球が厳しいものだとは中学のときから知ってはいたが、それはどちらかというと先輩たちのイジメが形を変えただけのものであり、所詮《しょせん》は子供の世界のものという感じがあった。ところがここでは、半分大人の人たちが、正気でありながら卓球に異様な情熱を注いでいるのだ。そしてどうやらその世界は、パンチパーマの柏山徹郎《かしやま》さんというOBが作り出しているらしいことがわかった。

柏山さんは市役所に勤務するかたわら、母校のインターハイ出場を目指してOB会を組織し指導にあたっていたが、なにしろ卓球をするために入ってくる選手などひとりもいない高校なのだからどだい無理な話である。中学でレギュラーだったというだけで有望扱いされ、初心者すらいるのだ。そのため「怖ろしげな練習風景」にもかかわらず、インターハイどころか県大会の一回戦も危ないのであった。学校側も勉強に支障が出るほどの部活は奨励《しょうれい》していないため（当然だ）、練習場には常に顧問の先生とOBたちとの間に別の意味の緊張感が漂っていた。普通、こういう状況で指導するのは無理だと思うのだが、柏山さんにはそういう分別はなかった。

柏山さんは指導を始めて間もない頃、インターハイ出場確実と言われたチームを作りながら、県内の名門高に凄まじいバッドマナーをされたあげくに負けた経験がある。相手の選手たちは一本ごとに床に座り込んだり寝転がったりの焦《じ》らし行為を繰り返し、まったくラリーが続かないのに促進ルールになる狂気の沙汰《さた》の試合だったという（ひどい審判だ）。この敗戦による怨念《おんねん》が、柏山さんを無謀な指導に駆り立てていたのだった。

柏山さんは我々に「団体県ベスト8」という目標を設定し、そのために〝岩手県一の練習量〟を方針にかかげた。岩手県一練習して県ベスト8である。冷静に考えれば、前途ある若者がこんな当りクジのないような絶望的な戦いに高校生活を懸ける理由はどこにもない。親にしてみても、進学校に入ったはずの息子がいきなり岩手県一卓球をさせられたのではたまったものではないが、負けると無表情のまま涙をボタボタと落としながら「悔しいだろお前ら〜」と語る柏山さんの情熱に応えずにいられるほど我々は無粋《ぶすい》ではなかった。あるいは単に退部のタイミングを逸しただけだったかもしれないが、ともかく我々は本当に岩手県一と思えるほど練習をやった。いや、正直に言えばやらされた。

よく、卓球は自主的に練習をすることが重要だといわれる。それはそのとおりだ。しかし、卓球で勝つために必要な練習量というのは、大半の正常な人間にとっては自主性では到底期待できない量なのだ。いくら私が卓球が好きだといっても、体が煮えるほど暑い日に、あるいは指が凍るほど寒い日に、毎日毎日何時間も練習をするなど、自分ではとてもできなかっただろう。それをやらされたおかげで私は、自力では身につかなかったであろう技術を身につけ、勝てなかった相手に勝つ喜びを知り、それでも結局は県ベスト8にも入れずに柏山さんの連敗記録を更新して終わった。それほど練習してどうしてそんなに弱いのかという疑問もあるだろうが、むしろそれほど見込みがないのにどうしてそんなに練習してしまったのかの方が不思議である。これもひとえに柏山さんの怨念のなせる業であろう。

このような高校時代に味わった喜びと悔しさを私は卒業後も忘れることができず、かといって本気で卓球をすることもできず、のらりくらりと卓球の周辺にまとわり続けて現在に至っている。ある意味、未《いま》だに柏山さんの怨念にとり憑《つ》かれているようなものだが、おかげで楽しい人生である。

水沢高校は今年も
くやしいだろお前
ふ〜〜
若き日の柏山さん
インターハイには出られず
(2010 年当時)

私の大学時代

高校を卒業した私は東北大学に入学した。大学に入ったら腰が抜けるほど面白いことがあるものとばかり思っていたが、そうでもなかった。卓球を気楽にやりたかったので卓球同好会に入り、酒も飲んでみたしアルバイトもしたし夜どおし友達と語り合ったりもして楽しかったが、それなりだった。

適当にやっていた卓球だったが、あるとき浦野さんという先輩にあまりにも不甲斐《ふがい》ない負け方をしたのが悔しくて、三年の春から卓球部にも入った。しかし決心は続かず、週三日の練習さえサボるありさまで、なんとか練習しないで勝つ方法はないものかと奇をてらった作戦を考える方向に脱線していった。

その中で最も効果を発揮したのがダブルスでのサイン盗みだ。大会で観客席にいる仲間に相手ペアのレシーブのコースのサインを盗んで送ってもらい、三球目をすべてオールフォアでスマッシュするのだ。相手はとてつもなくフットワークのよい選手だと思ったことだろう。ところがときどきサインと違うコースに来るから大変である。こちらは相手が打つと同時に吹っ飛んでいるのだ。普通にフォアにツッツかれただけなのに転んでノータッチを食らったりするものだから、相手はさすがに怪訝《けげん》な顔をしたものだった（ちゃんとサイン守れよな）。

ダブルスのパートナーは大槻という男だったが、これが奇人だった。汗だくのユニフォームを洗わずに干しては「日光消毒されるので大丈夫」と言って着続けていた。「トレーニングをしない範囲で強くなれる限界を目指す」という、厳しいんだか甘いんだかわからない決意のもと、練習場にベビーパウダーを撒《ま》き散らしながら練習時間より長いのではないかと思うほどの長時間をマッサージに費やしていた。得意技はショートとツッツキ。特にそのストップは絶妙で、返そうとしたカットマンが台に突っ込んで肋骨《ろっこつ》にひびを入れたことから〝殺人ストップ〟と言われたほどだ（どんなストップだ）。講習会では元世界チャンピオンの郭躍華のサービスを受けようとして足がもつれて転倒。文字どおり〝世界チャンピオンに倒された男〟となった。

サインを盗むのはあまりにも愉快で、ついには究極の方法を開発した。異常に低く構えて台の下から直接相手のサインを見るのだ。「そんなバカな」と思うかもしれないが、相手はサインの交換に集中しているので、ほとんど気づかない。ところが部内のあるペアにこの作戦がまったく通じない。サインは見えるのだが、意味が解読できないのだ。どうにも納得できない私は試合の後で意味を問いただした。途端にその後輩は高笑いをしながら「わからないはずですよ。デタラメですもん」と言った。なんと、彼らの出すサインはすべて目くらましで、本当のサインは右手に持っているラケットの位置と角度だと言うのだ。これには心底《しんそこ》驚いた。そんな気の利いたトリックを部内の誰にも明かさずに仕掛けている奴がいるといったい誰が思うだろうか。

ほどなく私はその後輩、戸田を子分にしてつるむようになった。大学院浪人をしていた時には、一緒に卓球雑誌のパロディ『現代卓球』を作って卓球メーカーや他大学に送りつけたし（当然無視）、宗教を否定する宗教『毘沙門極楽会』を作って冊子とテープレコーダーをカバンに入れて街角に立ったりもした。研究室のワープロやカメラを勝手に使って悪ふざけの冊子を作るのは、他のどんなこととも比較にならない面白さだった。一緒に町の卓球クラブ『桔梗苦羅舞』に入って天才・村上力を目《ま》の当たりにするサイケデリックな体験もした。部員たちからは、私が戸田の人格を歪《ゆが》めたと言われたが、戸田は卒業後、ＮＥＣ、ニッタクを経て、現在はキラースピンで製品開発をしているので、ギリギリ大丈夫だと思う。

ちなみに大槻は、バブル期にもかかわらず受けた新聞社をすべて落ち、翌年の採用に有利なようにと、なぜか東京の東北沢の新聞配達店に一年間住み込んだ。とても採用に有利だとは思えないのだが、案の定、翌年の読売新聞社の面接で「朝日新聞を配ってました」と言ってまた不採用。こちらはどう考えても大丈夫ではないが私のせいではない。

　このように勉強はもちろん、卓球すら真面目にはやらず横道にそれまくった大学時代だったが、思い残すことはそれほどない。ただ、荻村伊智朗に会いに行けばよかったとだけは思う。もし会っていたら良くも悪くもただでは済まなかったことだろう。もっと大きく横道にそれていたに違いない。

バッドマナーの話

試合でのバッドマナーというものについて、自分の体験も交えてあれこれと考えてみた。

バッドマナーとは、試合中に相手や観客を不快な気持ちにさせる言動のことだ。あまりにもひどいバッドマナーはルール違反だが、明確な基準があるわけではないため、何かと議論のタネになる。その内容にはいろいろあるが、大きく二つに分けられる。一つは、意図せずに結果的に相手を不快にさせてしまう「自然型」、もう一つは相手を不快にさせることを目的として行われる「目的型」だ。

前者の例としては、声を出しながらの打球、大矢選手の雄叫《おたけ》び、セイブの短パンたくし上げ、町のクラブのオッサンの黒い靴下などが挙げられる。これらは基本的に、相手に危害を加える意図がなくやっていることなので、多少は違和感があったとしても大きな問題にはならない。大矢選手の雄叫びがあまり問題にならないというのは意外に聞こえるかもしれないが、あれは自分を鼓舞《こぶ》するためにやっているので、相手に苦笑されることはあっても、恨まれることはないのだ。

問題は後者だ。実は私は、二十代半ばまでひどい目的型のバッドマナーを繰り返していた。自分のボールがネットやエッジで入っても、謝るどころか「ラッキー！」と吠える始末で、あるときなど相手から「謝れバカ！」と怒鳴られたこともあるほどだ（これもバッドマナーだと思うが）。それさえも私は「怒らせたからその分だけ有利になった」と解釈し、さらにバッドマナーを続けたものだった。無論、気分のよいものではない。しかし当時の私は「自分は良心を犠牲にしてまで勝ちたいのであり、相手や観客から受ける批判は覚悟の上でやるのだ」という信念に酔ってさえいたのだ。

なにしろ私の中学校がそういう風潮だった。相手がサービスミスをしようものなら「ナイスサーブミス！」と叫びながら相手を指差すのが習わしであり、卓球とはそのようにやるものだと思っていた。こういうことを民度が低いと言うのだろう。しかし上には上がいるもので（下か？）、高校一年のときにオープン大会で当たった中学生は、試合の間中私に向かって大声で「足し算できんのかオメェー」と連呼《れんこ》した。頭からは湯気が出ていてその顔は憎しみで歪んでいた。まったく恐ろしい体験だった。私は完全に動揺し、相手が粒高だったこともあって、半泣き状態で負けてしまったのだった。

当然、私の信念はより強固なものになった。勝負はどんなことをしても勝たなくてはならない、マナーを良くしようなどと言うのは勝った者が言う戯《ざ》れごとにすぎない、という考え方だ。

一流選手の行動も私の信念を裏付けていた。一九八七年ニューデリー大会男子シングルス決勝、江加良は16−20からジュースに追いついたとき、拳《こぶし》を突き上げながら台の周りを一周した。江加良はときには相手チームのベンチの前まで行って威嚇《いかく》することもあった。世界チャンピオンでさえそこまでして勝とうとしているのに、それよりも遥《はる》かに弱い我々がどうして綺麗ごとをいって負けていられるのか、という考え方だ。こういう考え方には、一概に否定しにくい魅力があるため、なかなか矯正《きょうせい》することは難しい。

そんな私の信念を徐々に変えていったのは、かつてヤマト卓球から発売されていた月刊誌『TSP卓球トピックス』だった。この雑誌には、それまでの硬直したスパルタ的な勝利至上主義とは異なる価値観があった。卓球をする目的は勝つことだけではない、我々は楽しむために卓球をしているのではないか、といういわば常識的な価値観だ。なぜこの雑誌がそのように作られ得たのかといえば、それは編集者がいわゆる卓球エリートではなかったためである。卓球エリートでなかったどころか、上下関係の厳しい体育会系にすら属していなかったため敬語が身につかず「タメ口の今野」と言われたほどだ。結果、卓球の試合以外のところでバッドマナーになってしまっていたのは皮肉なものである（今ではナントカ王国という雑誌の編集長をやっとるようだが）。

話がそれるにもほどがあるが、そのようなわけで私は今ではすっかり更生し、仏様のような態度で試合をしている。おかげで試合の後に相手と普通に話せるようになったのがなんとも心地よい。かつての対戦相手に申し訳なく思うと同時に、この原稿が幾人かの若者をバッドマナー地獄から生還させるきっかけになれば、これに勝る喜びはない。

くれぐれも、本稿の前半に同調して、逆方向の信念を深めたりしないでもらいたい。

素質のない人

一流選手がインタビューなどで「自分は素質がないので努力するしかないと思った」などと言っているのを目にすることがあるが、いかがなものだろう。軽々しく「素質がない」などと言ってもらっては困る。我々一般人が一流選手のボールを知らないように、一流選手もまた「素質がない」ということがどういうことなのか知らないのだ。

そこのところがよくわかっていない一流選手のために、「卓球の素質がない人」の実態について解説しよう。今から紹介する人たちは、ちょっとやそっとの非才ではない。非才中の非才、いわば非才の一流選手たちである。ただ下手なだけではない。ただの下手なら、初心者や練習不足の者は誰だって下手だし、そんなものは珍しくもなんともない。彼らは、普通以上の情熱を卓球に傾けて相当量の時間を練習に費やし、それでもなおかつ下手なのだ。

《ケース1》　中学、高校と卓球部で練習をしてきて一浪して大学に入った。さっそく卓球部に入ったが、練習のフォア打ちのサービスが二本に一本しか入らない。相手をしていた同期生が業を煮やしてかけより、ボールの上げ方とラケットの振り方を手をとって教えたほどだ。ボールを相手に投げ返すときには二本に一本はネットにかけたり台を外す。こういうことを素質がないと言うのだ。

《ケース2》　公式戦六本連続サービスミス。これが高校の先輩が打ち立てた大記録である。伊藤繁雄に憧れてメガネまで真似をし、一九八三年世界選手権東京大会では「荻村さんの知り合いです」とウソをついてフロアに降りていったほどの卓球狂。当時はサービスは五本交代。伊藤繁雄の得意なフォア前のブツ切り下回転バックハンドサービスを出そうとしてミスを連発。三本ぐらいなら

こういう先輩もいた
相手のサーブミスが多すぎて
調子狂って負けた
ひどいねアレ
たぶん 卓球に 合ってないんだと思う

しょっちゅうやっているのでどうということはなかったが（これ自体が問題）、四本目あたりから「これはまずい」と思ったらしい。緊張して五本目もミスをしてチェンジサービス。次に回ってきた最初のサービスもミスってしまったのだと言う。「あれにはまいった」と言うが、まいったのはこちらである。

《ケース3》　ある先輩は、練習のときにわざと重いバスケットシューズを履いてフットワークを鍛えることを思いついた。そしてそのまま卓球シューズに履き替えることを忘れ、最後の高総体をバスケットシューズで終えたのだった。卓球の素質以前の問題である。

《ケース4》　インパクトの直前にラケットが前後にブルブルッと震える友人がいる。フォアハンドだろうがバックハンドだろうが、ツッツキだろうがスマッシュだろうがすべての打球でである。どんなに正しい素振りを何千回しても、いざボールが来ると震えてしまうのだ。ボーリング、スキーなど、卓球以外のことは何でも器用にこなすのだが、なぜか卓球だけは年がら年中、震えっぱなし。初めて彼の卓球を見た人は、何かとてつもなく無理なフェイントをやろうとしているように見えて驚愕するのだが違うのだ。村上力プロが彼を見たとき、「おっ、一人時間差！」とつい叫んでしまったのも無理からぬことである。

《ケース5》　ゆるいツッツキに対して力の限りフォアハンドループドライブ。空振りならこれまで何千回もしている〝用具マニア〟杉浦君だが、このときばかりは様子が違った。なんと杉浦君は、ラケットの反対面、つまりバック面でボールをヒットしたのだ（ボールが後ろに飛んだ）。ラケットの角度、振りの方向、そしてタイミング、そのすべてが甚だしく狂っていなくては不可能な技である。人々は「奇跡が起きた」といって彼の偉業を褒めそやした。

《ケース6》　フォアハンドのテイクバックをとるとフリーハンドにボールが当たる先輩。敵が自分のフリーハンドだというのも気の毒な話である。

《ケース7》　荻村伊智朗は著書の中で「卓球台は動かないので見る必要はありません。ボールを見ましょう」と書いたが、それはまともな人の場合の話だ。高校の後輩は、フォアクロスに打ち抜かれたボールを拾いに行き、戻ってきて気合をいれてサービスを出したら相手がいなかった。隣の台だったのだ。これほど方向感覚の欠如《けつじょ》した男にも、荻村は同じことを言えるだろうか。

いやしくも「自分は卓球の素質がない」と言うのならば、最低でもこれらの人たちに一言挨拶が必要であろう。なんと挨拶するのかって？　知らん。

ありがちな風景

長く卓球をやっていると、間抜けなエピソードや珍しい人たちに出くわすことがあるので、それらを紹介してみたい。珍しいといっても、田丸さん（十六ページ参照）やバリさん（四十ページ参照）ほど飛びぬけた人たちではない。「あるある」と言う程度の微笑《ほほえ》ましい話だ。

高校時代、初心者の部員が初めて大会に出た。ところがルールもろくに知らないもんだから、試合中に手を上げて「タイム！」と叫び、勝手にベンチコーチにアドバイスを受けに行ってしまった。慌てたコーチは「何やってる戻れバカ」と言って彼のラケットで頭を叩いたが、その瞬間にラケットがパカリと割れて試合終了。ほどなく彼は退部した。彼にとって卓球とは何だったのだろうか。

高校時代の部員の中に、練習中にやたらと長い掛け声をする奴がいた。普通は掛け声といえば「ファイトー」「ドンマイ」程度であって、長くても「バーカ、何やってんだよ」程度のものだろう。ところがそいつは「バカバカバカバカー、フォア前来たら払えってあれほど言っただろ？　何のために練習してきたのかわかんねえじゃねえか」とか「ハーッハッハ、バカだなーおまえ、ルール変更になってるじゃないかこの四月から。そういうところ気をつけなきゃだめだろうが」などと、時には笑い声さえも交えながら自分の内面を吐露《とろ》するのだ。これはもはや掛け声などという生やさしいものではなく完全に独り言なのだが、彼はそれを正しい掛け声のつもりで行っているのだ。おかげで我々は、彼の内面をすっかり把握したのだが、もちろん何の役にも立ちはしなかった。

高校二年の新人戦で負けた夜のことだ。コーチの友人だという人が宿に来てミーティングに参加した。その人も他校でコーチをしていて、卓球のことをよく知っていた。彼は、ときおり目に涙を浮かべながら我々を叱咤激励してくれたのだが、その間ずっと手にエロ本を握りしめていたままだったのが未だに意味がわからない。なんという人間存在の奥深さだろうか。

最後の高総体予選で負けた夜のことだ（負けた話ばかりだ）。宿の部屋で一同しんみりしていると一人の部員が便所に立った。しばらくすると「ブゥーッ」という屁《へ》の音が聞こえてきた。廊下を曲がった先の便所から戸を二枚も隔てた部屋の中にまで聞こえてくるのだから大変な音量だ。失笑を誘われて気持ちのもっていき場を失った我々は「こんなときになぜそんなにバカでかい屁が出る?」と、戻ってきた彼を理不尽にも責めた十七歳の春であった。屁といえば、卓球とは関係ないが、祖父が喘息《ぜんそく》の発作で救急車を呼んだとき、錯乱状態で担架で運ばれながら、なぜか救急隊員に向かって「屁ぇタレんなよ」と言ったという。祖父の九十年余の人生の何がこの局面でそれを言わしめたのだろうか。

職場の卓球部の飲み会で、先輩が昔の練習の自慢話を始めた。「俺たちの頃は、練習前の柔軟体操からみっちりと、あばら骨が折れるくらいにやったもんだ」と言った。柔軟体操で肋骨を折ることが自慢になるとは初めて聞いた。そもそもどんな柔軟体操をすれば肋骨が折れるというのだろうか。自慢したくて話を大げさにしたはいいが、ポイントを間違えたその間抜けさが悲しい。弱いわけである。

以前住んでいた家の近くの市民センターで毎週末卓球をしていたのだが、そこでときどき、強烈な団体と一緒になった。社会人らしい若い女性三人ほどを一人の青年が指導しているのだが、異常なスパルタなのだ。台を出すときからすでにエキサイトしていて「もたもたすんなーっ! 自分の練習だぞーっ!」なんて怒鳴り散らしている(妻はこれが可笑しくてたまらないらしく、よく家で真似をしていた)。基本に異常に厳しく、練習はいつまでたってもフォアロングばかりだ。いくらやっても彼の満足できるレベルにならないらしく「リズムが悪いっ！」などというよくわからない理由で怒鳴りまくり、ときには逆上して「バガヤロッ！」と怒鳴って選手にボールを打ちつけたりもする。学生や強い実業団のチームならまだしも、明らかに趣味で卓球をしている社会人の女性たちをあれほど怒鳴り散らすというのは、いったいどういう関係なのだろうか。なにか宗教的なものさえ感じさせる光景であった。しかし何より可笑しいのは、その団体の名前が「ファミリア」だったことだ。全然ファミリア（親しみやすい）ではない。その後、あのチームはどうなったのだろうか。

私の卓球懺悔録《ざんげ》

卓球に関しては私もかなり失敗やら間違ったことをしてきたので、他人のことばかりも言っていられない。自分が困っただけならいいのだが、私の場合、卓球を教えるのが好きなので、他人に迷惑をかけたことも多く、慙愧《ざんき》に耐えない。この場を借りて、関係者の皆さま方に懺悔をする次第《しだい》である。

高校三年の夏休み、ある後輩を指導したときのことだ。ペン表の彼のフォアハンドスマッシュは、私から見ると腰の回転が不十分な手打ちで、どうにもそれが気に入らない。ところが彼は腕力があるためか、それでも結構よいボールが入るのだ。いくら私が「それじゃよいボールを打てない」と言っても、ミスもなくよいボールがバンバン入っているのだから説得力がない。彼も、私のアドバイスをどこか本気にしていないような余裕のある態度だ。もちろんそれも気に入らない。そこで私は、自分の理論を正当化するためにある行動に出た。「腕立て伏せしろ」　私は彼に、へとへとになるまで腕立て伏せをさせ、直後にスマッシュをさせ「ほら、入らないだろ」と言ったのだ（あたかも星一徹が打倒大リーグボール3号のために伴宙太に九回裏まで逆立ちを命じたかのようである）。朦朧《もうろう》とした顔で「入りません」と言っていた彼の顔が思い出される。我ながらひどい話だ。許せ長岡。

その年の秋に新人戦を見に行った時のことだ。ある後輩の試合を観客席から応援していたのだが、レシーブであまりにも台から離れて構えているので台上のボールに間に合っていない。なんとかそれを伝えたかったのだが、騒音で声が聞こえない。そこで、ジェスチャーで伝えようと私はその場で立ち上がり、レシーブの構えをしてポンと飛んで一歩前に出る動きをしてみせた。その後輩は「なるほど」というようにゆっくりと大きくうなずいたと思うや、ますます台から離れて構え、勢いをつけて前に突っ込みながらレシーブをし始めたのである。負けたことは言うまでもない。俺が悪かった。許してくれ小岩。

卓球を始めて間もない中学一年のとき、一年生のうち私を含めた三人が表ソフトの前陣速攻になるよう命じられた。もちろん我々は戦型などというものを知らなかったので、何か本格的な卓球の世界の一員になったような誇らしい気持ちになったものだった。さっそく私は、隣町に行って表ソフトラバーを買ってきた。翌日、同じく前陣速攻をすることになった友人がラバーを買いに行くことになった。ラバーのことをよく知らないという友人に、私は「店に行ってイボっこラバーって言えばわかる」と教えてやった。「イボ」に東北弁の「っこ」という接尾語をつけて「イボっこ」と言うわけだ。しかし翌日その友人がラケットに貼ってきたのは、バタフライの「フェイント」であった。パッケージに書いてあった「イボ高」を「イボコウ」すなわち「イボッコ」と読んだというのだ。いるかそんな奴。これはさすがに稔が悪い。

会社に入って二年目くらいの時、学会に参加するために四国の松山大学に行った。当時私は、熱に浮かされたように卓球をしていたから、当然のようにラケットを持って行った。空き時間に卓球部の練習場を探し当てると、女子部員が練習をしていた。そこからの経緯は忘れたが、ともかく私はその選手たちを指導してしまっていた。完全に頭がイカれていたとしか思えない仕業である。しかも当時私は村上力さんに心酔していたため、あろうことかバックハンドの逆モーションを指導したのだ。どれくらいの時間指導したかは覚えていないが、その選手が発した「あのう、もういいでしょうか?」という言葉で我に返ったことを覚えている。彼女たちはその後、良い母親になっただろうか。

妻とつき合い始めた頃、何回目かのデートで卓球をすることになった。彼女はたまたま中学のときに卓球部だったものの、卓球をするのはそれ以来である。もちろん私服だし、気楽で楽しいデートになるはずであった。ところが私は、卓球のスケール感を実感してもらおうと、彼女をフェンス際に立たせ、そこにスマッシュをしてロビングをさせるという「高度な遊び」を強いてしまったのだ（しかも多球練習）。もちろん、スマッシュと言ってもごくごく弱いものだが、彼女は「デートなのにものすごいスパルタの特訓された」と友人に語ったと後で知らされた。フラれずにすんだのは不幸中の幸いであった。全国の卓球マニア諸氏は、くれぐれも気を付けてもらいたい。

以上、失敗談の中でも笑える話だけを紹介したが、笑えない話や思い出したくない話もあるので、そちらは永遠に封印するつもりである。

管理人との熾烈《しれつ》な戦い

卓球選手と管理人との戦いの歴史は長い。管理人とは他でもない、学校や公営の体育館などの管理人のことである。彼らはたいてい頑固《がんこ》なオヤジだし、利用者は必ずしもルールを守るわけではない。ホールで飲食をする、備品を乱暴に扱う、土足をする、こういったロクでもない利用者がいるのだから、モメるのも当然である。

中でもモメるのが使用時間だ。私が中学、高校のときには、部活の終了近くになると、鍵の束をジャラジャラいわせながら管理人がやってきて、部員との間で「早く帰れ」「今終わります」の押し問答になり、しばしば険悪なムードになったものだった。その点、小野誠治は近畿大学時代、電灯を消して見回りの守衛の目をごまかして深夜まで練習していたが、その熱意が守衛の心を動かし、ついには守衛室に布団を持ち込んで一晩中練習をさせてもらえるようになったという。さすが世界チャンピオンになる男はやることが違う。

それにひきかえ私の場合、三十過ぎてなお近所の市民センターの管理人とつばぜり合いをしていたのだから、我ながら器が小さい。なにしろその市民センター、とにかく使わせてくれないのだ。まず、利用時間が夜九時までなのになぜか七時以降は入れない。「二時間単位での利用になっているし、キリがないから」というのがその理由である。〝キリがない〟とはどういうことよ。意味がわからない。「料金は二時間分払うので一時間でも三十分でもいいからやらせてほしい」と言ってもダメである。「そんなことをすると七時過ぎに入って二時間やらせてくれと言う人が出てくるから」と言うのだ。いるかそんな奴。さらに実はこの市民センター、七時に入っても二時間利用することはできない。「門を閉めるのが九時なのだ」と八時四十五分には追い出されるからである。また、どんなに空いているときであっても、同じ人が連

福島の知人から聞いた実話

続で利用を申し込むことも禁止である。

これらすべての規則が、何のためにあるのかは言うまでもない。客が来ても来なくても給料は変らず、客が来るほど仕事が増える彼らは、できるだけ客に体育館を使わせまいと知恵を絞っているのである。

あるとき、四人の高校生がなぜか卓球台を一台だけ出して交代で壁打ちなどしながら卓球をやっていた。不思議に思って聞いてみると一台しか貸さないと言われたと言う。これはおかしいと思って管理人に聞きに行くと「できるだけ多くの人に利用してほしいので四人まで一台」なのだと言う。いったい何の冗談だろうか。四人の高校生以外に体育館には誰もいないのである。「他の客が来るまで二台貸してあげてもよいのではないか」と言うと「台が空いていないのを見てあきらめて帰ってしまう人がいないように、常に空けているのだ」と言う。

いい加減にしてもらいたい。それまでも理不尽な規則に関して何度か抗議してきたが、最後には「規則でそうなっているのでしかたがない」の一点張りとなり、引き下がるしかなかった。しかしもう我慢も限界である。

電話帳をたよりに県庁やら市役所やら数カ所に電話をかけまくり、やっと市民センターの運営を管轄している、市役所の市民局振興課というところを探しあてた。ここで気をつけなくてはならないのは、頭のおかしいヤツだと思われないようにすることである。なにしろ〝市民センターの利用規則について市役所に電話をする〟というシチュエーションなのだ。客観的に考えて、まともな人間のすることではない。よほど気をつけなければ、こちらの人間性を疑われることは間違いないのだ。

幸い、担当の人は私の主張に全面的に同意してくれた。その市民センターの規則はデタラメであること、市民センターの利用時間は九時までで管理人の業務時間は九時十五分までと決まっていること、利用者は九時前なら何時からでも入れること、空いていれば何度でも利用できることを説明してくれ、丁寧な謝罪とともにすべての改善を約束してくれた（実際に翌週から見事に改善された）。

以上が、私の管理人とのセコい戦いの記録である。同じような環境にある全国の卓球愛好者の参考になれば幸いである。ただし、くれぐれも「床がすべるので料金を返せ」とか「フットワークをするので十一時までやらせろ」などという、異常な主張をしないよう十分に注意してもらいたい。

ヨーロッパ卓球徒然《つれづれ》日記

子供が生まれる前まで、妻の趣味である海外旅行に何度かつき合わされた。私は旅行にも外国にも興味がなく、行き先、スケジュールともに妻の言いなりで、わけのわからない国や町を連れまわされた。二人とも最低限の英会話しかできないので、すべてツアー旅行である。その中で、唯一私に与えられた楽しみが、ツアーの合間のフリーの日に、その町の卓球関係の施設や店を気ままに訪問することである。何をするわけでもないが、異国の地で卓球が好きな人がいるのを見るだけで楽しいのだ。

まずその町の本屋に入ってスポーツのコーナーに行く。すると、運がよければ卓球の本がおいてある。これで、その国で「卓球」をどう書くのかがわかる。この行きあたりばったり感がよいので、前もって調べたりはしない。「卓球」のつづりがわかったら、ホテルの電話帳でかたっぱしからその単語を探しまくる。もちろん、頭に「卓球」がつくだけで何の施設かさっぱりわからないのだが、それでもワクワクして楽しい。あとはその住所に地図を片手に突撃するのみだ。

ドイツのシュトゥットガルトでは、最初に行った所が店でも練習場でもなく、卓球協会の事務所のようなところで、さすがにがっかりしたものだった（いまだに何だったのかわからない）。やっと探しあてた卓球用品店は、郊外の住宅地にあった。はるばる日本から来たと自己紹介をしたのに、店主は「それがどうした」といわんばかりの顔だ。何かいやな予感。ユニフォームを買おうとしばらく迷っていると、隣の部屋からもどってきた店主が「カバンの中を見せろ」と言う。万引きを疑っているのだ。「こんなところまで来て万引きするかよ〜」と悲しくなる。

オランダではアムステルダムの高校生の練習場に勝手に入り込んで見学し、コーチにいぶかしがられた。卓球用品店では「ミュンヘンで伊藤繁雄が世界チャンピオンになるところを見た」という気のよい店主と楽しく語りあった（何だかよくわからなかったが）。ポーランドのワルシャワの卓球用品店は、だだっ広い店内にあまりに少ない品物しかなく何も買わずじまい。さすが旧共産圏。トルコでは時間がなく、イスタンブールの雑貨屋で「アペルグレン」と書かれた安物の真空パックのラバー付きラケットを買って我慢した。バスの中で「アペルグレン」をながめながら「どうして俺はこんなことをしているのか」と、なぜか無性に悲しくなる。

　イランでは、テヘランの公園に卓球台が置いてあるのをバスの中から発見し、ホテルに着くなりそこに向かった。卓球台はコンクリート製で、ネットは頑丈な金属で作られていてビクともしない。みんな並んで順番待ちをして試合をしているのだが、プレーヤーの後だけには人がいなくて、どんなに遠くにボールが転がっていっても、プレーヤー以外は絶対にボールを拾いに行かない。これも民族性なのだろうなと思った。私が近くで見ていると、案の定、やってみろと誘ってくれた。私が彼らより上手だとわかると、私に挑戦しようとする人と見物する人とで人だかりができて、ちょっとしたヒーロー気分になり、とても楽しい思いをした。

　その晩の夕食のことだ。イランでは生水を飲むなといわれて気をつけていたのだが、ついうっかり氷の入ったコーラを飲んでしまい、その夜から激しい下痢が始まった。翌朝も下痢と嘔吐《おうと》は止まらず、ホテルのロビーでみんなが介抱してくれた。ツアー仲間が梅干を出してくれたが、それをなめたイラン人が物凄い形相《ぎょうそう》になり「こんなの食ったらダメだ」と言ってかわりにどんぶり一杯のヨーグルトをもってきた。表面にミントの葉が浮いていてなおかつ塩味のヨーグルトだ。無理やり飲んでぜんぶ吐いた（健康でも吐いたかもしれない）。結局その後、二日間寝たきりになったのだった。

成田空港で解散するとき、添乗員さんが持っているツアー客名簿がチラッと見えた。参加者の顔を覚えるために、名前の横に「ヒゲ」とか「帽子」とかメモが書き込んである。私の名前のところに「ゲリ」と書いてあったのが、当然とはいえ情なかった。テヘラン公園での卓球の楽しさを帳消しにする苦い思い出である。

連載を始めるまで

私は卓球選手としても指導者としても実績はないしプロの文筆家でもない。ただの熱心な卓球ファンである。そんな私が、どうして卓球王国で連載などしているのかと度々聞かれることがあるので、今回はそのあたりの経緯を振り返ってみたい。

もともと私は卓球について語ることが好きではあった。相手かまわず議論をふっかけるので部の後輩たちは目を合わせないようにしていたし、家では卓球に興味のない妻を隣の部屋まで追いかけて話を続けて嫌がられていた。あげくに卓球雑誌を見ては「どうして俺が載る機会はないんだ?」と何の実績もないのに思っていたのだから完全に病気である。こういう傾向は、卓球で戦績が残せなくなった大学時代後半から顕著になったから、実技で目立てないための代償行為だったのだと思う。

会社に就職すると、練習時間が減ったうえにワルドナーにあこがれてシェークに変えたものだから実力はさらに鰻《うなぎ》上りに落ちていった。当然、自己顕示欲を埋めるための代償行為はますます激しくなり、卓球協会やメーカーに手紙を出すのはもちろんのこと、『日本超卓球協会』というホームページを作って総裁になったり、ラケットやラバーの特許を出したり（ルール違反だった）、日本卓球協会に入ろうとして事務局に押しかけて断られたり、タマスの入社試験に落ちたり、卓球王国にマンガ連載を断られたり、健勝苑やＮＨＫに手紙を出して無視されたり、世界選手権大阪大会を記念して無関係なオリジナルタオルを製作販売したり（百枚しか作ってないのに今も在庫が……）していたのだから、我ながらよく気力が続いたものである。

このような場外乱闘活動のひとつに〝卓球本収集〟があった。日本で発売された卓球本を一冊残らず集めて威張ってやろうと思い、古本屋やインターネットで買い集めていたのだ。あるとき、昭和二十二年発行の『卓球人』という卓球雑誌を手に入れた。その資料的価値に興奮した私は、それを元世界混合複三位で卓球史研究家の藤井基男さん（二〇〇九年逝去）に送ることを思いついた。その著書『卓球物語』（大修館書店）で、藤井さんの卓球マニアぶりに共通するものを感じていたし、年齢からしてこの雑誌を懐かしがってもらえるのではないかと思ったからだ。自慢半分で送ったのだったが、思った以上に喜ばれ、以来、手紙のやりとりをさせていただくようになった。

しばらくした二〇〇三年の五月、藤井さんに昼食のお誘いをいただいた際に「卓球雑誌で古い卓球の本を紹介する連載をしたらどうか。卓球界のためにもなる。その気があるなら編集部に紹介する」という話をいただいた。雑誌連載は長年の夢だったのだが、いざとなると情けないことに自信がなくなり「とてもやりたいのですが、仕事も忙しいので無理です」と断ってしまった。藤井さんは一呼吸おいて「伊藤さんね。物書きは暇があるから書くんじゃないんですよ」と言った。問題は時間ではない、やる気があるかどうかだ。藤井さんはそう言っているのだ。私は〝忙しい〟などと言い訳をしたことが恥ずかしくなり、挑戦する決心をしたのだった。

それで、家に帰って「さてどう書いたものか」と思いながらとにかく書いてみると、なんとこれがどんどん書けるではないか。しかも自分でもおかしくて楽しくてたまらない。もう筆が乗りまくり滑りまくりで、そのまま現在に至っている。藤井さんの当初の意図からすっかり外れた連載になってしまったが、もう遅い。

このコラムで私に要求されているのは徹底的にユーモアとシニカルな視点である。つまらないと今野編集長から「伊藤さん、逆モーションになってない」とすわった目で冷たく言われるので、無理やりハチャメチャなことを書かざるを得ない。だから、もしこのコラムに面白いところや、ふざけすぎて目にあまる部分があるとすれば、それはよくも悪くもすべて今野編集長のおかげである。

　もし私がもう少し卓球が強かったら、卓球本集めなどという悲しいことをすることもなく、藤井さんに本を送ることもなく、連載を勧められることもなかっただろう。そう考えてみると、卓球の腕前がこの程度だったのは案外よかったのかもしれない。

第三章

妄想卓球スパーク！

用具マニア

用具マニアという人たちがいる。卓球の用具に対して並々ならぬ愛情を示し、ラケットやラバーを眺めたり、いじくりまわすことに喜びを覚える人たちだ。もちろん、一流選手にもそういう人たちはいる。齋藤清はラケットに語りかけながら一晩中グリップを削っていたというし、ラケットを抱いて寝た選手の話などはいくらでもある。しかしこれらの選手たちは、あくまで勝つために用具に神経を使ったのであり、けっしてただ用具を愛《め》でたのではない。それに対して用具マニアとは、用具に対する情熱を〝結果的に〟卓球競技そのものよりも優先させてしまった人たちのことである。したがって、いくら用具に情熱をもっていても、卓球の実力が高い人には用具マニアの資格はない。いやしくも用具マニアたるもの、町の大会で一回戦を勝ち進むようなことではいけない。用具マニアは、年がら年中ラケットやラバーを替えるのに忙しく、落ちついて技術を習得するヒマなどないのだ。そのうえ、用具で勝とうとして極端な用具を選んだりするので、ますます勝利は遠のくばかりである。

そんな全国の用具マニアの代表として、今回は友人の杉浦くんを紹介しよう。この男、卓球の腕前は用具マニアの名に恥じぬ実力をもつ。卓球用品店に行くときはかならず小型のルーペを持参し、ラバーの厚みを測ることに余念がない。そこまでの精度が必要な卓球か、と思うが、彼は妥協を許さない。彼の関心事はラバーの厚みだけではない。硬度もだ。彼はラバーを指で押して硬さを判定することに異常な能力を示す。店内のラバーをかたっぱしから指で押しては「硬い」とか「軟らかい」と判定を下してゆくのだ。加えてこの男、大変慎重な性格で（ケチともいう）、買うのにやたらと時間がかかるのだ。

あるとき彼がラケットを新調することになった。例のごとく、店内のラケットをとっかえひっかえ、握ったり重さを量ったりして大いに迷っている。しばらくすると当然のように球突きを始めた（やっぱりか……）。なにしろ木地のままなので「カーン、カーン」とうるさいのだが、杉浦くんによれば〝ラバーがない分だけかえってラケットの違いがよくわかる〟のだという。そりゃそうだろうが、売り物のラケット（ボールもだ！）でしつこく球突きをされる店員の気持ちにもなってみろと言いたい。そのうち、彼は〝しなり〟が売りのラケットにいたく興味を持ち始めた。どうしてもそのラケットの〝しなり〟を確かめたくなった彼は、とうとう柄の部分に体重をかけ、ぐいぐいと押し始めたのであった。〝メリッ〟と音がする前に彼がそのラケットのしなりに満足できたのは幸いであった。

杉浦くんの卓球用具への情熱は中学時代にさかのぼる。中一にしてすでに、ベニヤ板で〝カット専用超低反発ラケット〟を自作している。中三のときには、〝超軽量ラケット〟としてバルサ材だけのラケットを製作し「タマスがローターでバルサ材を使うよりも早かった」と自慢する。高校になるともう行きつくところまで行き、アルミニウム製の〝超硬質フルメタルラケット〟を作るに至る。そのほかにも、菓子箱の板やら石膏やらで、わけのわからないラケットを無数に作成している。これらはルール違反である以前に、そもそも卓球にまったく役に立たないものばかりだ。役に立たないことをするのがマニアなのだからしかたがない。ラバーの切れ端を木片に貼ってパチンコ玉を打ってみたり、意味もなくラバーのシートとスポンジを剥《は》がしてみたりする、これが用具マニアというものなのである。

杉浦くんはオーディオマニアでもある。もちろん、音楽を聴くという本来の目的はとうに忘れ、オーディオ機器そのものへ情熱を注ぐ毎日だ。どんなスポーツでも凝り性の人はいるものだが、卓球というスポーツは、とりわけ杉浦くんのような凝り性の人をとらえて離さない奥の深さがあるのではないだろうか。真新しいラバーを買って、その透明な光沢にうっとりとし、ゴムの刺激臭に酔いしれ、打球の瞬間のボールの食い込みを想像して期待に胸を膨らませて眠りにつく。これも卓球の楽しみ方のひとつである。そして卓球用具市場の何分の一かは彼らのような用具マニアに支えられているのである。

ネーミングの話

卓球用品の名前にはいろいろと面白いものがある。『スブリィ』という商品をご存知だろうか。バタフライの素振り専用ラケットの名前である。一見、身もふたもないようなネーミングだが、カタカナにして最後のイを小さくして英語らしくしたところが気が利いている。こういうユーモラスなネーミングには、実はかなりのセンスが要求される。ただの『スブリ』ではなく『スブリィ』。この違いはとてつもなく大きい。卓球ではないが、似たようなセンスのもので思い出すのは、中学校にあった避難用滑走袋『オリロー』である。こちらはなんとなくヨーロッパの趣《おもむき》である。また、焼却炉は『モヤスター』であった。ロゴに星のマークが添えてあるのを見てニヤリとしたものである。

一九八〇年代の中頃、TSPから『桂《かつら》』というラケットが発売されていた。ペン単板ラケットの材質といえば、今では檜《ひのき》が定番だが、歴史的には朴《ほお》、黒柿《くろがき》などさまざまな木材が使われてきた。その中でも桂は、檜と遜色のない打球感が得られる木材として知られている。

桂を使ったラケットだからその商品名が『桂』、そこまではいい。問題は次である。TSPはこの『桂』の姉妹品として『小五郎』というラケットも発売していたのである。おわかりだろうか。実は、幕末の長州藩士に「桂小五郎」という人物がいたのである。桂は後に木戸孝允と改名し、薩摩藩士とともに幕府を倒した人物なのだが（ためになるコラムだなあ）、卓球が日本に伝来したのは明治三十五年であるから、当然ながら卓球になど関係があるはずがない。TSPは、全国の卓球愛好者を相手にラケットの製品名で駄洒落《だじゃれ》をやってのけたのである。なんという懐の広さだろうか。TSPにはこの路線を徹底的に推し進めてもらいたい。たとえば松を使ったラケットで「たか子」、杉を使って「良太郎」、楢《なら》を使って「大仏」なんかどうだろうか。柳ならちょっと渋すぎるが「ジョージ」でどうだ。

製品名で興味をそそられるのはなんといっても粒高ラバーである。なにしろいやらしい性質のラバーなので、そのネーミングは各社味わい深い。バタフライは『フェイント』で、プレーそのまんまの意味である。さすがシェア世界一のエリート会社、比較的ストレートである（ちなみに世界初の粘着性ラバー『タキネス』も英語で「ベタベタ」というそのまんまの意味である）。TSPの『カール』は、インパクトの瞬間に粒が倒れる様子を表しているし、ニッタクの『スクリュー』とアームストロングの『ツイスター』は、いずれも異常な回転を連想させるネーミングである。面白いのはヨーラで、『バッドマン』（悪人）というのだから思い切った話である。粒高を使っているだけで悪人呼ばわりされたのではたまったものではない。いや、悪人ならまだいい。ヤサカにいたっては『ファントム』（幽霊）だ（まあ、これはボールの動きを指しているのだろうが）。

メンテナンス用具は各社とも駄洒落の宝庫である。カッコよさよりもわかりやすさと親しみやすさに重点をおいているためなのだろう。ラバークリーナーの泡を「アワー」とかけて、バタフライから『ラッシュアワー』が発売されればニッタクが『クリーンアワー』で追い上げる。ヤサカも以前から、ラバーフォームふき取り用具『フキトーレ』で、あやしい動きを見せていたが、ついに最近、水溶性クリーナー『清水《きよみず》さん』、そのふき取り用具として『拭《ふ》くださん』を発売するに至った。もう徹底的に親しみやすさ路線である。しかしこの分野でもエースはやはりＴＳＰである。いくらスピードグルーの「グルー」が「糊《のり》」という意味だとはいえ『のり子』は凄すぎはしないか。それをカタカナで『ノリコクリーン』としたところでどうなるものでもあるまい。ＴＳＰは以前から『ふきとるくん』『のばしっこ』『らばくり』など、異常にひらがな好きであったが、最近とうとう何かがはじけたようで、ついにブランド名までその標的にし「てぃえすぴー」と大書きしたタオル、ソックス、リストバンド、ヘアバンドが一挙発売されるに至っている。うーむ、さすがヤマト卓球株式会社、大和魂にあふれている。どうせならテンション系ラバー『ビヨーン』も「びよ〜ん」にしてはどうだろうか。いや、こっちの話。

このコラムも、いつにもまして役に立たない話で大変恐縮である。お後がよろしいようで。

注：文中の商品は、すでに廃番になっているものもあります（二〇一四年六月現在）

日本卓球復活の秘策

二〇〇七年世界選手権ザグレブ大会の結果を見ると、卓球日本の復活はまだまだ遠いようである。復活のための地道な努力は専門家に任せるとして、ここではアイディア一発の秘策について提案したい。

常々思っていたのだが、卓球には上回転を使うドライブ型と下回転を使うカット型があるのに、どうして「横回転マン」はいないのであろうか。ラケットを思いっきり縦に持って構え、すべてのボールに全身を使って力の限り横回転をかけてはどうか。当然、構えや重心移動を含め、まったく新しい基本技術が必要となろう。ただし、普通のドライブやカットをしようとして自然に横回転になってしまうような奴にやらせてもダメである。それは横回転の才能があるのではなくて、卓球の才能がないのだから、世界制覇の役には立つまい。

「ボディ・ハイド・サービス」をご存知だろうか。相手に背中を向けて構え、インパクトを体で隠して脇の下からボールを送り出す、一九八〇年代初頭に大流行したサービスである。あまりの威力のために今ではルールで禁止されているが、ラリー中については何ら制限がない。これを利用しない手はない。名づけて「ボディハイドマン」である。真後ろを向いた基本姿勢から、ラリー中のすべてのボールを体の前まで呼び込んで足音を鳴らして打球するのである。これで回転に変化をつければ効果は絶大だ。いつも後ろを向いたまま試合をするので相手に顔も覚えられにくく、ベンチのサインを見逃すこともない。相手のボールが見えないのが難だが、首を一八〇度ひねる訓練が鍵である。

バックハンドの技術がどれだけ発達しても、スイングの回転半径の差がある限り、フォアハンドの威力と安定性にはかなわない。したがって理想の卓球はオールフォアであるが、それには限界がある。この限界を突き破るスタイルとして「両ハンドオールフォア型」を提案したい。バックにきたら左手にラケットを持ち替えて全部フォアにしてしまうのだ。もはや「バック」は存在しなくなる。さらに、足を鍛えて足への持ち替えも併用すれば「両ハンド型」ならぬ「フォーハンド型」となり、その戦力は四倍。卓球史を覆《くつがえ》す究極のスタイルとなろう。

わずかな反応時間が勝負を決める卓球では、打球音もプレーに影響を与える。声帯模写の名人は、列車の音や爆発音など、まさかと思うような音を口から出すことができる。これを卓球に応用し、ラリー中に口からニセの打球音を発して相手を惑わすのが「ボイスイリュージョン」である。インパクトから〇・〇八秒ほど打球音をズラしたドライブや、グルーの強ドライブ音を「キン」と発しながらのストップ、まだサービスを出していないのにレシーブ音がするなど、相手を恐怖のどん底に落とし入れることは間違いない。弱点は自分の打球タイミングも狂うことであるが、まずは気を確かにもって練習してもらいたい。

最後はダブルスでルールの盲点をつく作戦である。意外なようだが、卓球のルールでは、選手の構える位置についてはいっさいの規定がない。ひとりがサービスを出すとき、そのパートナーはどこに構えていてもかまわないのである。ネットの真横でもいいし、フェンスの後ろでもいいのだ。もうおわかりだろう。私の案はズバリ、相手ペアの間である。名づけて「パパは出張中」。精密な機械ほどわずかなゴミにも弱いという。これほどの異常事態を前にすれば、さしもの中国選手も冷静ではいられなくなり、満足なプレーは不可能なはずだ。さらに思い切って、相手を押しのけてレシーブの位置に構えてしまえば完璧である（間違ってナイスレシーブをしてしまわないよう注意したい）。五十一％理論を考えた荻村伊智朗はその著書で「相手が自分と同じ考え方をしたとき、もっとも恐ろしいと考えた」と書いたが、それはこの作戦にこそ当てはまる。つまりこの場合、パートナーどうしの異種格闘技戦になってしまうのである。そうなると、世界選手権男子ダブルスの決勝の結果が「フルゲームジュースで吉田海偉が馬琳を『腕ひしぎ逆十字』でフォール勝ち」などという事態になりかねない。そのときこそ卓球は、総合格闘技として新たな地平を切り開くことになろう。

他にも、相手の距離感覚を狂わせるためにユニフォームに卓球台を描く「ゴーストテーブル」、顔にネットのペインティングをする「ネットマン」など、アイディアは無数にあるのだが、幸いにも紙幅が尽きた。くれぐれも本気にしないでいただきたい。

卓球選手の名字

世の中にはいろいろな名字があるが、卓球の強い選手がたまたま珍しい名字だったりすると、特別な響きを感じてしまうものだ。中学一年のとき、郡大会の決勝で華麗にプレーをする「樋口」という人を見て、なんてかっこいい名前なんだろうと思ったものだ。それに引きかえ「伊藤」なんて、「佐藤」ほどではないが、いかにも凡庸《ぼんよう》だ。字面《じづら》と音の響きはそれほど悪くはないと思うが、なにしろあまりに多い。ここまで多いと、世界チャンピオンの「伊藤繁雄」という名前を見ても自分と同じ名字なのを思い出さないほどだ。

名前を見たり発音したりしたときの印象が人に与える印象は無視できない。たとえ世界チャンピオンでも「佐藤博治」「荻村伊智朗」といった名前は、カリスマ性を高めるのに役立っているとは言いがたい。「佐藤」はありふれているし「荻村」は柔らかい印象だからだ（本人を知っている人にはとてもそうは感じられないと思うが）。その点「田中利明」「長谷川信彦」「河野満」あたりは、なんとなく直線的な勇ましい感じがする。世界チャンピオンへの尊敬を受け止めるだけの容量がある。一九七〇年代に活躍した「久世雅之《くぜ》」「海鉾仁《かいほこ》」などという、まるで俳優のような雄大でロマンを感じる名前は、雑誌で見るだけでとてつもなくかっこいいと思ったものだ。一九八〇年代の名選手「糠塚重造《ぬかづか》」なんていうのも、その重厚な名前が鉄壁のブロックと体型にマッチしていて威厳があった。同じく一九八〇年代の「星野美香」は、その名前の爽《さわ》やかさもアイドル的人気の一因になっていたことは想像に難くない。

近年の一流選手では「鬼頭明《きとう》」など物凄い名前だろう。彼と同世代のライバル達は彼の名前を驚異の思いで聞いたはずだ。女子では、なんといっても「樋浦令子」が、いかにも怜悧《れいり》な感じがして素晴らしい（欲をいえば「浦」という字がわずかにやぼったく「樋渡《ひわたし》」などであれば最高だった）。

二〇〇八年世界選手権広州大会の日本代表を見ると「水谷」「岸川」はしなやかな印象であり、カリスマというよりは巧者の印象だ。いずれも水に関係している字のためだろう。「吉田海偉」は凡庸な名字をおぎなって余りあるとてつもないカリスマ性のある名前だ。あとは勝つだけ。「韓陽」は中国生まれなのに「韓」とは紛らわしい。「福原」「福岡」は「福」という字の温かさ、親しみやすさが災いしてカリスマ性をそぐ。「大矢」「平野」「藤井」「石川」はまあ普通だ（それだけかよ）。

ここまでは、私の独断による印象批評だが、それとは別に、卓球の一流選手の名字の分布を調べてみた。よくもそんなバカバカしいことを、と誉めてもらいたい（ここまででも十分にバカバカしい）。まず一流選手の定義だが、昭和十一年から平成十九年までの全日本選手権一般の男女シングルス、男女ダブルス、混合ダブルスの歴代チャンピオン、そして世界選手権日本代表選手を対象とした。なお、親類のために複数あった名字は、一人分として扱った。一般に日本で多い姓のランキングは一位から順に「佐藤」「鈴木」「高橋」「田中」「渡辺」「伊藤」「山本」と続いている。卓球の一流選手たちはこれらほとんどの姓を網羅していたが、実はこの中でひとつだけ存在しない姓がある。「鈴木」だ。七十二年間の日本卓球史に、日本で二番目に多く、どこにでもいるはずの「鈴木」姓をもつ一流選手がただの一人もいないのだ（力むほどのことでもないが）。また、二十位までの姓では、八位の「中村」、十四位の「佐々木」だけが見つからなかった。驚いたことに、これらの姓は全日本のシングルスベスト4、ダブルス二位まで探しても見つからなかった。これらの姓の諸君は、なんらかの理由で卓球とは相性が悪いので、今からでも遅くはないので、あきらめた方がよい。

逆に、名字ランキングのわりに明らかに多い姓があった。「小野」「村上」だ。「小野」は五十二位にもかかわらず「誠治」「浩彦」「美恵子」「智恵子」「文子」と五人もいた。三十六位の「村上」も「輝夫」「淑子」「力（！）」「恭和」「裕和」の五人。五人というのは、もっとも多かった「田中」の六人につぐ二番目の記録だ。成果が出せずに悩んでいる指導者の方は、とりあえず「小野」「村上」を徹底的にしごいてみてはどうだろう。まあムダだとは思うが。

卓球用語

卓球を知らない一般人にとって、卓球用語ほどやっかいなものはないだろう。まるっきり知らない単語ばかりならあきらめもつくが「表は裏で裏は一枚の中ペンです」とか「あのチームはカット二枚にツブまで揃えてる」とか「昔はクロクロのアンチでね」などと、わかりそうでわからないところがややこしい。ヘタに日常用語との共通点があるところがやっかいなのだ。

それがもっとも悲劇的な形で現われるのが、卓球バカが床屋に行ったときだ。

「カットお願いします」

「どれくらい切りましょうか」

「切ったり切らなかったり変化をつけてください」

「は?……あの、長さはどれらいに……」

「ああ、サービスは短くお願いします」

「いや、サービスってあんた……」

「でも、あんまり切らないでくださいね。まあ、どっちみち払えないんですけど」

「なんだとニイちゃん」

　という具合になるので注意が必要だ。

　もちろん、卓球独特の用語もたくさんある。この連載のタイトルにも入っている「逆モーション」もそうだ。広州の世界選手権で、テレビ東京の解説の岸田さん（日本生命）に解説で使うように言ったら本当に使ってくれた。話のわかる人だ。卓球発の言葉として一般化したい。卓球のテレビ放送でバッククロスのことを〝逆クロス〟などと、卓球界で誰ひとり使わないテニス用語を使われる屈辱《くつじょく》に甘んじるのは、もう終わりにしようではないか。

「フォア前」などという用語もいかにも卓球らしくておもしろいと思ったが、ネットで検索してみると、テニスでもバドミントンでも使っているとわかり、がっかりした。

　話は大きくなるが、卓球に限らず、日本のスポーツはどうして中途半端な英語の掛け声を使うのだろうか。その代表が「ドンマイ」だ。英語のdon't mindが元だが、日常そんな英語はひと言も使わないくせに、スポーツのときだけどうして使うのか。スポーツが英語圏から入ったからだろうか。それも違う。英語圏の人はプレー中にdon't mindという習慣はない。「ドンマイ」は、日本人が勝手に作った掛け声なのだ。それなら思い切って日本語で「気にすんなー」と叫んだ方がいいだろう。どうしても「ドン」というパンチのある音が欲しければ「どんげー」と宮崎弁でも叫んだ方が、くだらん英語よりよほどマシだ。

また、得点したときの「ナイス」(nice)もいかがなものか。どうして同じ意味でもっと一般的な「グッド」(good)を使わないのか。「ナイス」などという小ざかしい掛け声はやめて明日から「グーッ」と叫ぼう。これで他校と差がつくこと間違いなしだ。

格闘技じゃあるまいし「ファイト」(戦え)もいただけない。「ふぁいとふぁいとおー」なんてドスの効いた声で叫びながら練習しているのを聞くといたたまれなくなる。こんなものは、指導者が選手のやる気を確認して安心するために言わせているだけのたわ言だ。それならわけのわからない英語などやめてもっと直接的に「今日こそ俺はやるぞー、やるぞやるぞやるぞー」とでも叫ばせておけばよい(ただし「ガンバ!」はNG)。

卓球で構えのときに発する「サッ」というのは、一見奇異に聞こえるかもしれないが、実はこれこそ日本古来の言葉であり、中途半端な英語もどきなど足下にも及ばない由緒正しい掛け声である。いっそのこと歌舞伎のように「さあさあさあさあ」と掛け合いをしてみてはどうだろうか。小心者の王皓など、腰を抜かすこと間違いなしだ。

カウントをするときに「ワン・ゼロです」などとバカ丁寧になんでもかんでも「です」をつけさせる指導者がいるようだが、選手が将来、国際試合に出て敗者審判をするときのことを考えて欲しい。「ラブ・オールです」などと口走ったらどうなる。デス(death)とは英語で「死」だ。試合開始直後にいきなり死を宣告される外国選手の身にもなってみろと言いたい。どうしてもカウントに語尾をつけたいなら、誤解を許さぬよう「ラブ・オールでありんす」などとすべきだろう。

以上のように、卓球選手たるもの、用語ひとつとっても常に深く深く考えることが大成への近道である。さあ、明日からオリンピックめざして「グーッ！・」だ。受験勉強中の君も、朝まで「グーッ！・」だ。

卓球選手の髪型

卓球選手の髪型について考えてみた。卓球はファッショナブルではないと思っている人も多いと思うが、日本男子の髪型の豊穣《ほうじょう》な歴史を見て考え直してほしい。

まず、日本が世界選手権にデビューした一九五〇年代から一九六〇年代を見てみよう。選手でいうと佐藤博治、荻村伊智朗から木村興治あたりまでだが、いずれも長すぎず短かすぎず、きちんと整った清潔感あふれる髪型で、いわば「優等生」といった趣である。明治維新でちょんまげを脱した日本が、この時期すでに世界レベルにあったことを示している。

一九六〇年代後半、一人の若者が鮮烈にデビューする。長谷川信彦だ。それまでの卓球史に見られなかった、触れると怪我をしそうな危険なまでに鋭い角刈りは、他国に計り知れない脅威を与えた。あまりに独創的であったため、後継者は唯一、中国の王涛（一九九二年五輪複金メダル）を数えるにとどまる。

一方、長谷川と同時期にデビューして一九七〇年代半ばまで活躍した伊藤繁雄、河野満は見事な七：三分けの「サラリーマン風」髪型で、中国や復興しつつあったヨーロッパ勢に対抗した。一九七七年バーミンガム大会の男子シングルス準々決勝、河野がラリーの合間のたびに前髪をかき上げて、ヒッピー頭のベンクソンを圧倒する雄姿が今もビデオで確認できる。

一九八〇年代になると、日本卓球界に一大勢力が台頭する。「パンチパーマ」だ。特に社会人の間では、ルールで決まっているのかと思うほどパンチ旋風が吹き荒れ、世界チャンピオン小野誠治はもちろん、齋藤清も糠塚重造も阿部博幸も桜井（現姓：佐藤）正喜も宮崎義仁もみーんなパンチであった。高島規郎のように一九七〇年代からいた選手さえもパンチに転向する姿が見られ、後に活躍する渋谷浩、松下浩二、岩崎清信らも〝パンチでデビュー〟であった。しかし、所詮、人工的なパーマでは天然パーマのヨーロッパ勢に対抗できるわけもなし、かといって髪型もクソもない中国に対抗することもできず、この時期、日本の国際競争力は低下の一途をたどった。

パンチパーマが卓球に及ぼす影響を物語るのが、一九八一年の前原正浩の全日本優勝である。前原は、三十歳にして改心し、それまでの爆裂パンチ頭を丸坊主にして大会に臨み初優勝した。卓球にはパンチより丸坊主が適していることの証左といえる。似たような事例に二〇〇〇年シドニー五輪での劉国梁の五厘刈りがある。別に髪型で駄洒落をしたかったわけではない。大会直前のUSオープンで日本の偉関に負けた反省から頭を丸めたのだ。おかげで五輪では見事銅メダルに輝いたが、剃っていれば金メダルだっただろう。

一九九〇年代に入ると、スウェーデンの世界制覇の影響で、若手シェーク両ハンド選手の「刈り上げ」が台頭する。これによってパンチパーマの勢いは急速に衰えたが、一九九六年度の全日本では、パンチ末裔《まつえい》の岩崎が刈り上げをうまく取り込むニュースタイルで初優勝した。今のところこれがパンチ勢の最後の優勝である。一方、齋藤や山本恒安、小山ちれ（おっと女子だった）のベテラン勢に代表される、どちらかというと自宅で刈ったような「どうでもいい」髪型のしぶい活躍も一九九〇年代に強烈な印象を残した。

二〇〇〇年代は言うまでもなく「茶髪」の時代だ。全日本のランクに入った初の茶髪選手は意外にも一九九六年度の松下浩二だ。さすが日本初のプロ選手、この点でも先駆者であった。その後のランク選手十六名中の茶髪の人数は、一九九七年度〇名、一九九八年度二名と推移し、一九九九年度に一気に七人に跳ね上がる。その後増減を経て二〇〇八年度の全日本では約半数の九名に落ち着いている。髪型ではないが、二〇〇〇年代で特筆すべきファッションとしてあげられるのは大森隆弘のバンダナだろう。眉毛が隠れるほどズリ下げた極端なバンダナ姿で相手の集中力をそぎ、二〇〇〇年から六年連続ランク入りを成し遂げたのは見事である。

以上をまとめると『優等生風』の一九五〇〜一九六〇年代、『サラリーマン風（＋ひとり角刈り）』の一九七〇年代、『パンチパーマ』の一九八〇年代、『刈り上げ』の一九九〇年代、『茶髪（＋一人バンダナ）』の二〇〇〇年代という時代の流れが見てとれる。今後流行する可能性のある髪型としては、七：三分けの茶髪、スキンヘッドにして頭皮を脱色してバンダナ巻きなどが考えられるが、くれぐれも自分を大切にしてもらいたい。

なお、〝ハゲ〟はファッションではないので、考察の対象外とさせていただいた。

中国に理容師を送り込んで
こいつら全員
パンチにしたれ!!

卓球選手のメガネ

二〇〇九年までの八十五年間の世界選手権の歴史の中で、メガネをかけて男子シングルスの世界チャンピオンになった選手は四人しかいない。チェコスロバキアのコラー（一九三六年）、佐藤博治（一九五二年）、伊藤繁雄（一九六九年）、河野満（一九七七年）だ。男子ダブルスではさらに少なく、アメリカのシフ（一九三八年）と木村興治（一九六一年）だけである。日本には他にも、成田静司、井上哲夫、前原正浩、五藤ひで男、今枝一郎といったメガネをかけた代表選手がいたが、他国でメガネをかけた有名選手と言えば一九六九年に伊藤繁雄と決勝を争ったドイツのシェラーぐらいしかいない。

このように、卓球選手のメガネ率の高さでは日本はダントツで世界一であるが、その理由は明らかである。ボールの見すぎだ。他国に比べて体格で劣る日本選手は、ボールを見すぎて目が悪くなるくらい練習をすることでそのハンディを克服し、それによって世界で活躍してきたのだ。いわば日本選手のメガネは、豊富な練習量の証であり、勝利へのパスポート（ロシアはビザも必要）なのだ。嘆かわしいことに一九八〇年代後半からメガネの選手は激減し、二〇一〇年世界選手権モスクワ大会の日本代表ではマッサーの米澤和洋だけである。これではビザもパスポートもなしにロシアに行くようなもので、中国に勝つどころではない。マッサーだけロシアに行ってもしかたがないではないか。

もっとも、最近の選手がメガネをしないのは、コンタクトレンズをしているためだという話もある。だとすれば、事態はより深刻だ。コンタクトレンズこそは青少年の浮ついた風潮の象徴であり、卓球に集中していない証拠である。そんな心構えでまともな卓球ができるはずもない。日本男子ならば、男らしくどっしりとメガネをかけなくて、どうして世界制覇ができようか。

ただし、どんなメガネでもよいわけではない。卓球選手に適したメガネは黒ブチであることを歴代のチャンピオンたちが証明している。黒いフチは選手の集中力を高め、なおかつ相手に無言の威圧感を与えて戦意をそぐ効果があるのだ（ホントかよ）。最近は人を小バカにしたような小さいものや、スカしたような縁なしメガネを見かけるが、このような輩《やから》は言語道断である。ちゃんとしたメガネになるまで素振りが必要であろう。

以上は男子のメガネについての考察だが、女子においてはちょっと事情が異なる。歴代の女子の世界チャンピオンでメガネをかけていたのは、邱鐘恵（一九六一年）、葛新愛（一九七九年）の二人だけであり、いずれも中国だ。この二人の写真から言えることは……もう少しイイ感じのメガネはなかったのだろうか。メガネといえば女子の美貌を隠すために昔から少女マンガで使われてきた小道具である。メガネをかけている冴えない主人公が、物語の後半でメガネを外すとなぜか髪型まで変わり、すっかり可愛くなってしまうアレだ。そのセオリーを知り尽くしている私ではあったが、石川佳純の〝メガネ外し〟には一本取られた格好だ。まったく人を驚かすのも大概にしてもらいたい。

さて、与太話はこれくらいにして、ホラ話に移ろう。今回の原稿を書くに当たり、チャンピオンたちの写真を見ていてひとつの事実に気がついた。日本人最初の世界チャンピオン、佐藤博治のメガネのレンズがかなり暗いのだ。つまり、サングラスだった可能性があるのだ。ここから新たな戦型の可能性が生まれてはこないだろうか。そう、サングラスをかけてのプレー、すなわちカットマンならぬ〝紫外線カットマン〟である。どんな効果があるのかって？　こっちが聞きたい。

真面目な話、相手がサングラスをかけていたら、かなりやり難いのではないだろうか。視線も表情もわからないので考えが読めないし、ましてや角刈りに金ブチのサングラスをかけられたりしたら別の意味で試合をしたくなくなるだろう。そう思わせたらこっちのものだ。卓球でサングラスをかけてはいけないルールなどないのだから、来年のロッテルダムでは日本チームは男女全員サングラス、いや、ミラーグラスで試合をしたらどうだろうか。キャッチコピーは『この世は真っ暗闇でござんす～堪忍どすえ～』でどうだ。なんだか強そうな感じ……しないか。

というわけで、メガネをテーマに一本書くという無謀な挑戦をしてみたが意外に書けた。こうなったらもうハチマキでも靴下でも何でも書けそうなので、覚悟しておいてもらいたい。

卓球の臭《にお》い

卓球の臭いについて掘り下げてみたい。歳をとるとだんだんと鼻も利かなくなって臭いなどどうでもよさそうなものだが、だからこそ記憶に残っている臭いの思い出について考えてみた。

卓球の臭いといえば、やはり用具だろう。買ったばかりのラケットはなんともいえない芳醇《ほうじゅん》な木の香りがする。ペンホルダーのちょっと腐ったようなコルクの臭いにさえも心躍らされる。グリップを削ったりすると香りは一段と鮮烈さを増し、そのかぐわしさにほとんど目まいさえ覚える。もう卓球がしたくてしたくてたまらなくなる。

はやる気持ちをおさえてラバーのパッケージを開けると化学技術の粋である加硫ゴムの臭い（ホントかよ）が一挙に部屋中に広がり、自らが卓球の主役であることを高らかに宣言する。たまらず鼻に近づけてクンと嗅ぎ「こりゃあ回転かかるぞ」などと胸を高鳴らせ、ラバーの気体成分を胸いっぱいに吸い込む。鋏《はさみ》で切りながらあれこれとインパクトを想像し、脳内ではすでに卓球が始まっている。

練習場にもそれぞれに特有の臭いがある。古い卓球場のカビ臭《くさ》さとアンモニアが目にしみるほど臭いトイレ、日焼けした暗幕の臭い、公共施設のトイレの塩素臭といったものまでが、卓球の思い出となって記憶に残る。

ちょっと前だとスピードグルーの有機溶剤の臭いもあった。臭ければ臭いほどスピードが出るという明らかに間違った信念のもと、シンナーやトルエン、はては灯油やガソリンまで塗るバカ者がいたものだった。それらを吸い込みながら激しい運動をするのだから、ほとんどスポーツを装った自殺である。まったくもって不健康なスポーツもあったものだ。

臭いに関しては印象深い思い出がある。高校に入学して間もない頃のことだ。高総体を前に最後の追い込みをしていた先輩たちの後ろで球拾いをしていた私は、その姿勢のためもあってか、不意に屁意（そんな言葉があるかどうか知らんが）をもよおした。と、ちょうど私の前で練習していた先輩のボールが隣の台の方に転がっていくではないか。私はいつにも増して素早くそのボールに追いつくと同時に放屁をし、極めて急激に方向転換をして元の位置に戻った。物理で習った「慣性の法則」の完全なる応用だ。数秒後、隣の台の方を恐る恐る見ると、三年生の先輩がレシーブの構えを解いて怖い顔で辺りを見回している。そして真後ろで球拾いをしていた一年生のところに歩み寄って胸ぐらをつかんだではないか。ことの重大性に気づいた私は、何があっても知らんぷりをすることを堅く決意したのだった。必死に手と顔を左右にブンブン振っていた、いかにも屁をひりそうな間抜け面の一年生・佐々木英之の姿が可笑しくも恐ろしい思い出である。

このように、臭いというものは卓球に大きな影響を及ぼすものであるが、意外なことにこれを意識した卓球用品はまだない。

そこで、臭いつきラバーなんかどうだろうか。臭いつき消しゴムがあるくらいだから技術的には可能なはずだ。普通の発想であれば芳香剤でも入れるところだろうが、ここでは一歩踏み込んで、悪臭を発して相手の集中力を殺《そ》ぐ必勝ラバーを提案したい。悪臭といっても、アンモニア臭とか腐乱臭とか、いかにもの悪臭では審判から退場させられるから、ギリギリさりげないものでなくてはならない。

たとえば、カメムシの臭いだ。世界選手権の女子団体決勝、日本対中国。日本選手がコートに入ると、甘いような生臭いような臭いがかすかに漂う。この時点では選手も審判もまだ半信半疑だ。試合が進んで打球するほどに活性化されたラバーから臭気が放出されてその輪郭を増し、終盤にさしかかるころにはボールばかりか鼻が曲がるほどの臭気となる。警告のタイミングを逸した審判もどうしようもない。そもそも誰に何を警告するのかさえわからないのだ（下手すると自分が退場になる）。もちろん日本選手は数カ月におよぶ合宿で鼻をバカにしてあるので、高い集中力を維持して中国を圧倒するのだ。

しかし、次の大会からはお互いに猛烈な悪臭の応酬となり、さらに、これ幸いとばかり何日も風呂に入らない奴はいるわ、どさくさに屁をこく奴はいるわで、もう卓球の試合会場には臭くて誰も近寄れなくなるだろう。それはすなわち卓球の滅亡を意味する。だから日本が勝ったらすぐにＩＴＴＦ（国際卓球連盟）に「臭い奴負け」ルールを提案することを忘れてはいけない。

いつものように最後は妄想になってしまったが、特に意味はないので一刻も早く忘れてほしい。

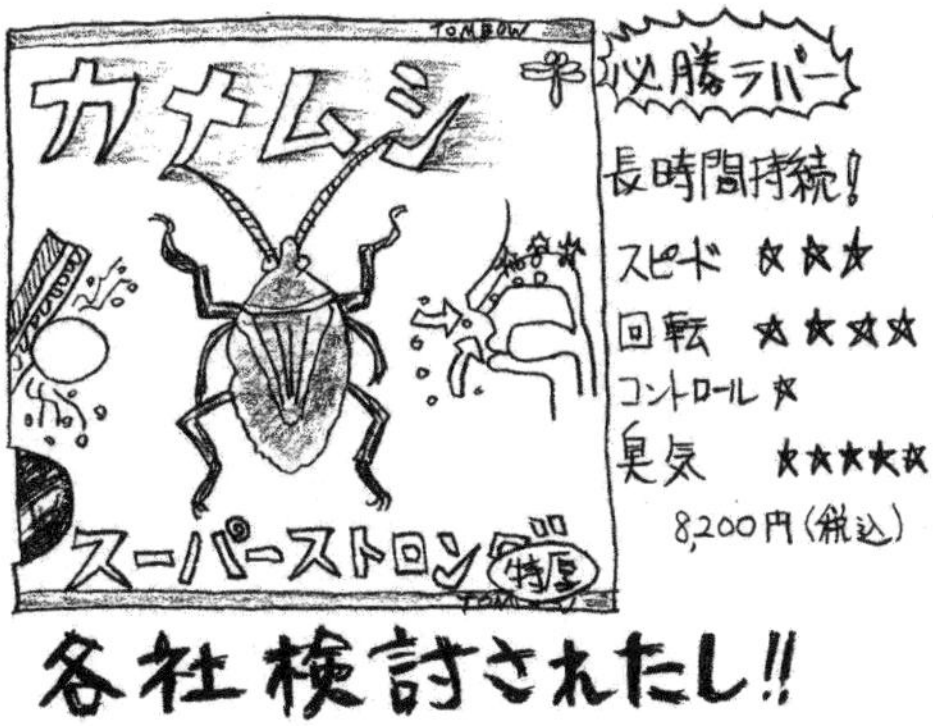

卓球商品のアイディア

卓球商品のアイディアについて真面目に考えてみたので、特に卓球用具メーカーの方々は心して読んでほしい。

まずはスイングスピード測定機だ。ある程度年季の入った卓球愛好者なら、昨今の年少者たちのボールのスピードには呆れていることと思う。こちらは大の大人が全身を使って一生懸命ドライブをしているというのに、未だに下回転はロクに持ち上がらないし、入っても遅いし回転もない。これ以上、何をどうしたらよいのかわからないとノイローゼ気味になっている愛好者が目白押しのことと思う。しかるに、トップクラスの小中学生たちのボールたるや、明らかに我々よりも速いし回転もかかっているではないか。いくらなんでも筋力は我々の方が勝っているだろうし、もちろんリーチだって長い。それでどうしてそんなに威力が違うのか納得がいかないではないか。しかし、スイングスピードを測定して、その差が明確になれば、これはもう納得するしかない。おじさんたちを納得させるためにも、ぜひともスイングスピード測定機を作ってほしい。

原理は簡単だ。ラケットに加速度センサーを内蔵して速度を計算すればよい。ラケットの裏面には液晶モニターをつけて時間とともにラケットの速度がどう変化したかをグラフで表示する。打球時の振動を拾ってインパクトの瞬間をマークで示してやれば、スピードのピークからどれくらいズレたところで打球しているかもわかる。たとえば、我々のボールが遅いのはスイングスピードが遅いからではなくて、打球タイミングが間違っているためであり、打球していないときに無駄にスイングスピードが速いなどということもわかるのだ。逆に、スイングスピードが絶対的に遅いのなら話は簡単だ。ボールを打つヒマがあったらとにかくスイングが速くなるまで素振りをすればよいということになるわけだ。もちろんこれは、ドライブだけではなくてスマッシュやサービスなどあらゆる打法に役に立つ。ちょっと余計な機能かもしれないが、工夫すればラケットの角度やスイング方向の測定もできないことはない。こんなのが三万円以内で売ってたら問答無用で買いたい。誰か作ってくれないだろうか。実は何年か前にキラースピンアメリカにこのアイディアをメールしたが無視されている。もったいないことよ。

次のアイディアはボールの回転量の測定機だ。商品の利用価値については明らかだと思うので、ここでは測定原理の紹介をしたい。ワンパターンで申し訳ないが、ボールに電波を発信または反射する素子を貼り付けて、それを受信すればよい。どの方向であれ、ボールが回転すれば、発信される電波のなんらかのパラメーターがある周期をもって振動するだろうから、その振動をとらえればよい。それがすなわち回転数だ。世の中に球技のスピード測定機はあるが、回転測定機というのはない。回転が勝敗に直結する競技はないからだ。すなわちこの装置は、卓球の真髄である回転を測定する史上初の装置となるのだ。おまけに、なにしろぶっ叩くわけだから結構すぐに壊れると思うので、メーカーにとっては買い換え需要も期待できるぞ。

さらに、レクリエーション用ラケットとして、打球すると電子音の出るラケットはどうだろう。打球面に振動センサーを仕込んでおいて、柄の下の方のスピーカーから音を出すのだ。「ピッ、ポッ」という楽しい音でもいいが、さらに踏み込んで「ヘタクソ!」とか「いやーん」などという声を出すのもよいだろう。

予測が重要な卓球競技においては、偽の情報で相手を撹乱することが重要だが、それをユニフォームにやらせてしまうアイディアがある。名付けて「逆モーションウェア」だ。たとえば、YGサービスやチキータのインパクトの実物大の写真をユニフォームの前面にプリントして相手に極度の緊張を強いるのだ。逆に、空振りしている写真や寝ている写真で相手を油断させるのもよいだろう。思い切って何もプリントしないで「いないふり」をするのは上級者に勧める高等戦術だ。短パンへのプリントは、性別や年齢のフェイントなど、いろいろと際どいアイディア（というより完全にアウト）が浮かぶことと思うが、あくまでこれは卓球なので、最低限のモラルは失わないようにして欲しいものだ。

すまん、真面目に書くつもりだったが最初の二つで力が尽きてしまった。

職業別卓球大会

会社の卓球部で大会に出ようとすると「その日は夜勤なので無理です」と断られることがある。彼らは毎日夜勤をやっているわけではないが、世の中には毎日の人もいるだろう。そういう人たちは、せっかく卓球が好きで続けたくても、ただ勤務形態だけのために卓球の大会に出られないのだ。練習をすることだって難しいだろうから、実質的に卓球を止めざるを得ない。卓球の宣教師たる私（勝手に就任した）としてはこんなに悲しいことはない。

そこで、そういう人たちに夜中に思いっきり卓球をしてもらうための練習場や大会を作ったらどうだろう。名付けて『真夜中《ミッドナイト》の卓球便《エキスプレス》プロジェクト』だ。卓球はもともと日中でも窓を閉め切って暗幕を張るくらいだから、夜中にやるスポーツとしては最適なのだ。夜中に公共施設を使うのは無理だから、山奥か地下にでも卓球場を建てればよい。暗幕どころか窓すら要らない。そういう施設なら、不良少年少女たちの更正施設としてもピッタリである。夜中にゲームセンターにたむろしている彼らを「ゲームやドライブしない？」

と言葉巧みに誘い出して、死ぬほどゲームやドライブをさせれば（もちろんオールフォアで）、卓球選手程度の真人間にはなるだろう。

夜勤ではなくても、土日が勤務日になっているサービス業の人たちもやはり普通の大会には参加することができない。接客業だけに腰が低く、優れた選球眼による攻撃が期待されるだけに残念である。そういう人たちのために平日に大会を開催してはどうだろう。たとえば『全国理容師卓球大会』なら月曜に開催すればよい。床屋だけにカットマンが多かったりして。いや、ロングもショートもあるか。

さらに難しいのは、年中無休のスーパーやデパートなどで働いている人たちだ。交代で休むので、一度に大会に参加することなど無理なのだ。そういう人たちのために、毎晩少しずつ何カ月もかけて試合を進める長期大会を開催するのはどうだろう。名づけて『試合は忘れた頃にやってくる卓球大会』だ。これなら一台でも大会をやれるし会場も特定する必要がない。開会式で無駄に長話をする来賓にも、一人ずつ来て誰もいないところでスピーチをしてもらえば被害も少なくてすむ。一回戦と二回戦の間に半年ぐらい経って、相手の戦型も人相もすっかり変わっていたりして、長期大会ならではの醍醐味を味わえるだろう。

先ほどの『理容師卓球大会』というのは私の想像だが、世の中には一般の人が知らない大会が結構ある。たとえば、学校の先生方だけが参加する『全国教職員卓球大会』というのがあるし、市役所職員だけが参加する『全国市役所卓球大会』というのもある。さらに郵便局員関係者だけによる『全国郵政卓球大会』や、意外なものでは『全国自衛隊卓球大会』というのまであるのだ。これらは思いつきでやってみましたというのではなくて、それぞれ何十年も歴史のあるちゃんとした大会である。

職業ではないが、国公立大学の卓球部員だけが参加する『全国国公立大学卓球大会』というのもある。「卓球ばっかじゃなくて勉強もしてきた俺らだけで大会やろうぜ」というわけだ。すると当然「いやいや、もっと勉強した俺らだけでやろう」と言う人たちがいて『全日本医科学生体育大会』や『全日本医師卓球大会』なんてのがある。それなら『弁護士卓球大会』もあるかと思えばこれはなかった。弁護士だけに、判定でモメて裁判長（審判）を挟んで討論になり、最高裁に持ち込んだりして、さぞかし迫力があるだろうに残念である。

ないとは思うが、もし『ジャーナリスト卓球大会』があったとすると、やっぱり「ペンはシェークよりも強し」なんて言ってペンばっかりなんだろうか。『警察卓球大会』だとやっぱりピストルグリップが多いのかなあ。それで「ランダムの打ち合い」で「打ちミス」が多かったりしてなんか怖い。ここまでくれば当然『暴力団卓球大会』というのも考えてみたくなるのが人情だろう。「相手のタマを取れ」なんていうベンチの指示を勘違いして大変なことになりそうだ。ダブルスのサインもちょっと出しにくい人がいたりして。水商売の人たちが参加するのは当然『クラブ選手権』だ。ホストたちが得意の〝しゃがみ込みサービス〟を競い合う様子が目に浮かぶ。

なんかもう、単なる駄洒落大会になってしまったが、卓球もコラムも「落とすところがポイント」ということでご勘弁願いたい（おっと、また駄洒落になってしまった）。お後がよろしいようで。

「全日本ママさん卓球大会」
会場は
こちらかしら？
そ、そのママさんでは…

試合を見ないで実況・二〇〇八年北京五輪

卓球王国のウェブサイトで毎日ブログを書いているのだが、そこで北京五輪の実況を行った。広州での世界選手権の時は現場で試合を見ながらブログ実況をやったが、今回はアメリカの自宅からだ。しかもテレビ放送を見ることができないので、ＩＴＦのウェブサイトのライブスコア、つまり得点だけを見ながら実況をするという、前代未聞のバカバカしい企画だ。

もともとはそんなことをするつもりはなかったのだが、日本女子が敗者復活戦でオーストリアに勝ったあたりからブログへのアクセス数がジワジワと上がってきて読者の期待を感じたため、急遽《きゅうきょ》、勝手に書くことにした。自意識過剰かもしれん。

最初に実況をしたのは日本男子の準決勝、ドイツ戦だ。この試合、ＮＨＫで土曜の午後に生放送、さらにゴールデンタイムに録画放送されるという。ボル対水谷が全国ネットでお茶の間に流れるのだ。この歴史的な事態に、興奮するなというほうが無理である。最初は冗談半分で架空のラリーでも実況してやろうと思っていたのだが、いざ試合が始まると一気に興奮が沸点に達し、映像が見られないことなど気にもならずに絶叫スタイルの書き込みをした。自分の実況がほとんどプレー内容に関係なく、ただ興奮しているだけであることがあたらめて浮き彫りとなった。これでいいのだろうかとも思うが、それなりに読んでくれる人がいたのでこれでいいのだろう。

今回の実況では大きなミスを二つ犯した。一つは、オーストリア男子の対日本戦のダブルスが陳衛星／ガルドスだったのに、これをシュラガー／ガルドスだと思っていたことだ。シュラガーがいないのに「さすがシュラガーだ」などと書いたのだから恥ずかしい。読者からの指摘で気がついたのだが、これも『試合を見ないで実況』の醍醐味と言えよう。

もう一つは、女子の韓国との銅メダル決定戦を寝過ごして実況できなかったことだ。試合開始の現地時間の午後二時半は、こちらでは午前一時半だ。一時頃まで意欲的にオーダー予想など書き込んで、家族の寝静まったリビングで一人盛り上がっていたのだが、男子のときのように朝五時までやるのは辛いからと、ちょっとだけ仮眠をとろうとしたのがいけなかった。目覚まし時計を三十分後にかけてソファーに横になって、気がつくとすっかり朝であった。あわててパソコンを見ると、すでに0－3で試合は終わっていた。すっきりと大変気持ちのよい目覚めだったのが皮肉である。

五輪も後半になると読者から映像を見られる中国のサイトの紹介があり、個人戦の福原対張怡寧からは映像を見ながら実況をすることができた。いざ映像を見始めるとあまりの面白さに画面に釘付けになり、得点だけを見て実況するなんてあり得ないという気持ちになった。

今回の五輪はこれまでには考えられないテレビ放送の多さで、日本卓球界にとって画期的なイベントだった。しかも男子のドイツ戦は録画放送なのに一三・三%を記録した。近年、テレビ東京が盛り上がりの下地を作っていたことと、選手には悪いが、男女ともよいところで負けて銅メダル決定トーナメントに行って、見せ場を作ってくれたことがむしろ幸いした。

しかし喜んでばかりもいられない。男子シングルスで準決勝に進んだスウェーデンのヨルゲン・パーソンのことを「ペーション」などと書いてあるけしからん新聞やウェブサイトがあった。日本卓球界との整合性をないがしろにされているのだ。呆れたのはロイターの記事で「スウェーデン代表P・ヨルゲン対中国代表オウ・キンレイ」と書いてあった。トホホ、二人とも間違ってる～（泣）。馬琳にいたっては〝バ・リン〞と書かれていて、しかも写真に写っていたのは王励勤。ロイター、お前ら……試合見てなかっただろ！（他人のことは言えない）。毎日新聞のサイトでは「水谷隼は三回戦でギリシャ選手に1－4で敗れ」とだけあり、クレアンガは名前すら書いてもらえず（涙）。卓球のメジャー化は遠い。

二〇〇九年世界選手権横浜大会は個人戦なので、日本がメダルを獲るのはかなり難しいだろう。こうなったら二十位くらいまで横浜市が特別にメダルを作って盛り上げたらどうだろう。鉄メダルでも木メダルでも菌メダルでもキンメダイでも金魚でも何でもいい。こっちはもう横浜に実況しに行く気になっているのだ。とにかく盛り上がってくれないと困る。

SFオールタイム世界選手権

昨年実用化されたタイムマシンを使った、夢の『オールタイム世界卓球選手権大会』が四月二十八日から八日間にわたって横浜で盛大に開催され、世界中から大きな注目を集めた。

大会は故人、存命者の区別なく古今東西の名選手の最盛期に参加を募り、希望者は全員参加とした（ただし荻村伊智朗は各年の全員がエントリーしてきたため、関係者の説得により審判長になってもらった）。これに地元日本選手を加え、男女総勢三四一名でオールタイムの世界一を争った。ルールの設定は困難を極めたが、最終的に、選手ごとに現役時代のルールを適用し、ボール、卓球台、ネット、カウントは二〇〇九年現在のルールに統一することにした。

大会が始まると会場は異様な雰囲気につつまれた。観客のほとんどは愛ちゃんや平野を見にきたわけだが、コートにいるのはネズミ色の短パンをはいた木村興治やベルト付き長ズボンの藤井則和で、初代世界チャンピオンのドクター・ヤコビにいたってはベストに蝶ネクタイに革靴だ。当然、試合が進むにつれて観客はどんどん減り、ごくわずかの卓球マニアと百歳ちかい高齢者ばかりになってしまった。テレビ東京の担当者が「放送できない」とガタガタと震えていたのがなんとも気の毒だった。

試合は豪華絢爛《けんらん》、まさに夢の競演だった。以下、男子シングルスにしぼって解説する。

なにしろ全員が世界チャンピオンクラスだから、予選リーグから目が離せる試合など一つもない。アペルグレン対田中利明の隣で河野満対アンドレアディスをやっているのだからたまらない。残念だったのは昔の伝説的選手たちの実力がそれほどでもなかったことだ。〝人類史上最高の守備範囲〟と言われたバーグマンは吉田海偉のドライブに粉砕されたし、魔球を操ると言われた張燮林は単なる粒高ペンカットなので水谷にスコンク。一本のラリー二時間十二分の最長記録をもつポーランドのエーリッヒなど、江加良の速攻にわずか三分四秒で敗れる最短試合記録を作ったほどだ。金メダル最多二十二個の〝ミスター卓球〟バルナはスーパーシードで登場したが、小野誠治のカミソリスマッシュに腰を抜かして担架で退場した。

歴史的試合の再現も見られた。一九七三年サラエボ大会決勝の最終ゲーム、ヨハンソンは15−15から郗恩庭にネットとエッジを四本やられて負けた直後、笑顔で握手をもとめてフェアプレー賞を贈られたが、この二人が一回戦で激突した。今度はなんと郗恩庭、ラブオールから八本連続エッジ。さすがのヨハンソンもブチ切れて卓球台を蹴り上げるバッドマナー。イエローカードを出した審判を殴るにいたって、フェアプレー賞を取り消される憂《う》き目にあった。

大会中盤、ヒマをもてあました荻村が「シャララとＩＴＴＦ会長の座をかけて戦う」と言いだす一幕があったが、二人で湯河原温泉に行って好きなだけ戦ってもらうことにして事なきをえた。ある意味、大会中もっともスリリングな局面であった。

このようなドラマの中、圧倒的な強さで勝ち進んだのが、両面クロ異質反転型で一九八〇年代に無敵を誇った蔡振華だ。蔡振華は予選リーグこそ木ベラの今孝（戦前に学生五連覇の球聖）に変化が効かずに苦しんだが、シュラガー、劉国梁、柳承敏ら近代の選手をことごとく下し、あれよというまに準決勝の馬琳戦まで勝ち進んだ。あわてた中国チームは、中国卓球協会会長となった現在の蔡振華が馬琳のベンチに入り、自身の反転サービスに対して「アンチ！　裏！」と叫んで馬琳に教えたが、これがことごとくハズれて敗戦。「あの邪魔さえなかったら勝てた」と馬琳は唇をかんだ。

一方から決勝に勝ち上がってきたのは、フィンガースピンサービスで史上ただ一度、アメリカを団体優勝（一九三七年）に導いたソル・シフだ。左右に九〇度近くも曲がるシフのフィンガースピンサービスは、初めて受けた選手にはボールが消えたように見えるほどで、長谷川、ヨニエル、劉南奎といったフォームの大きい近代選手たちが次々と肩の関節を外して敗れた。準決勝でシフと対した天才・ワルドナーだけは完璧に対応したが、何を思ったか途中からシフのサービスを真似しだしてフォルトを連発し敗戦。ルールがのみ込めていなかったようだ。

決勝は壮絶なサービス合戦となったが、回転量と変化で上回ったシフが４－３で蔡振華をやぶり、初代オールタイム世界一に輝いた。こうして、史上初の大会は大成功裏に幕を閉じたのだった。

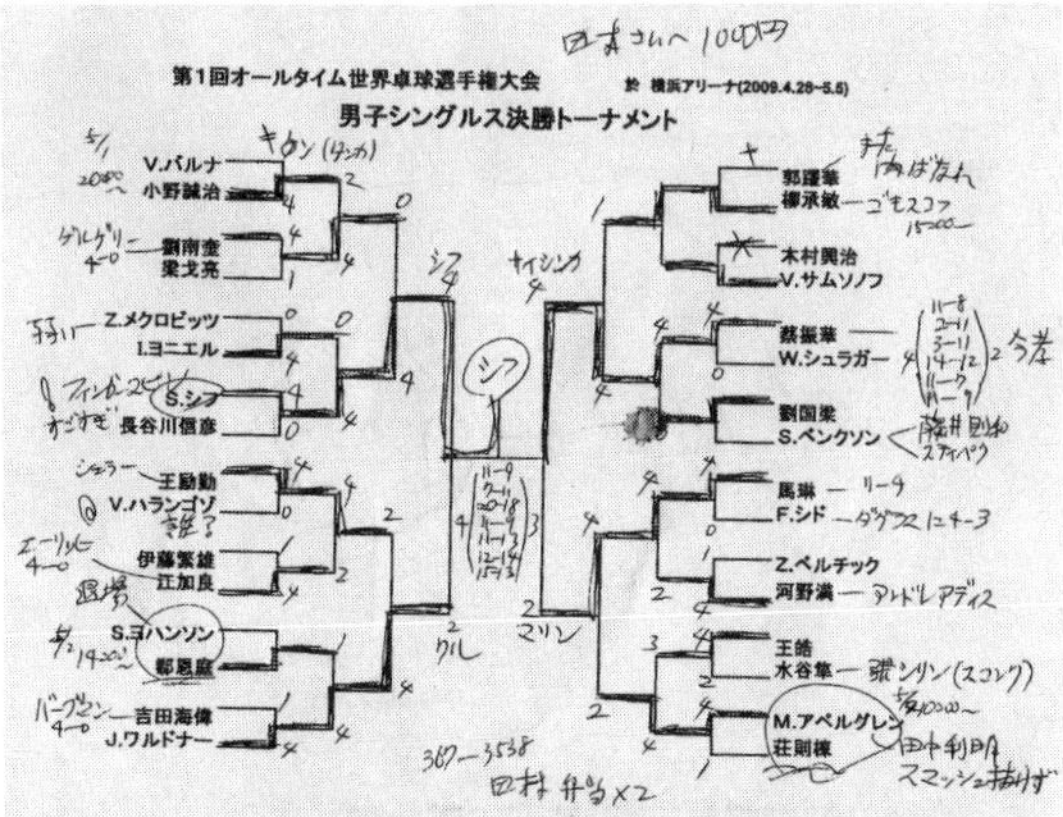

激戦の跡!!

二〇〇九年世界選手権横浜大会・観戦記

さて、二〇〇九年世界選手権横浜大会の真面目な感想を書いてみたい。

メダルを獲った岸川・水谷組や、ベスト8に入った吉田、平野・福原組の活躍は素晴らしかった。しかし私の印象に強く残ったのは、松平健太、石川佳純、丹羽孝希ら十代の選手たちの活躍だ。なんといっても興奮したのは、松平健太が馬琳を追い詰めた試合だ。会場の盛り上がりも、私が日本で経験した世界選手権史上、最高のものだった。たしかに馬琳の調子は万全には見えなかった。しかし馬琳は北京五輪の金メダリストなのだ。しかも、松平の得点は、馬琳のミスではない。松平が馬琳から先手を取り、あろうことか台上、前陣、中陣からバキバキに攻めて馬琳をブチ抜いて得点していたのだ。これが興奮せずにいられようか。タイプしようにも指はプルプルと震えるし、パソコン画面を見ている間ラリーは見られないし応援はできないしで、このときばかりは私も実況ブログをやっていることをうらめしく思った。試合後に体育館の前ですれ違った馬琳の目は泣いたように腫れていた。

それほどギリギリの試合だったのだ。

彼らが活躍したこと自体よりも私が驚いたのは、彼らの卓球そのものだ。両ハンドのブロック、早い打点の両ハンド攻撃、サービス力、レシーブ力、台上技術、どれも中国にスタイルとして見劣りしていない。足りないのは筋力と体力だけのように見えた。彼らの卓球に比べると、王励勤や張怡寧でさえ古く見えたほどだ。こんなことは今まで一度もなかった。中国は完全に日本の射程距離に入ったと私は思う。あとは筋力と体力、わずかの幸運があれば（王皓にすら運は必要だったのだ）金メダルも夢ではない。唯一の懸念は松平の身長が伸びてしゃがみ込みサービスが使えなくなることだが、なあに、そうなったら今度は座り込みサービスを開発してデモでもストライキでもやればよい。

素晴らしいと思うと同時に、多少、複雑な感情もあ

る。「いったい全体、どうやってそんなに強くなった?」という、プレーヤーおよび指導の経験者としてのちょっとねたましい気持ちと、新しい卓球から取り残される不安だ。丹羽に至ってはまだ十四歳だ。こっちはもう三十年も卓球をやっているのだ。「お前、いつ俺を追い越したんだ?」と言いたい。まったくどいつもこいつも気軽にレシーブからバンバンフリックして、どこに打たれてもビシバシ止め、あろうことかカウンターし、さらにカウンターをカウンターするなどという非常識なことを平気な顔でやりやがる。どこでどう間違えてあんな強い選手になってしまったのか。それとも間違えたのは我々の方なのか。まったく理解不可能である。

もう一つ強い思いがある。それは「なぜ今ごろなのか」という疑問だ。いったい何がどうなって急に松平や丹羽、石川が現れたのだろう。彼らには前代未聞の飛び抜けた才能があるのだろうか。私はそうは考えない。これまでも同じくらいの才能がある選手はいたはずである。日本の卓球界はそれを活かせなかったのだ。これは才能の問題ではなく指導を含めた環境の問題であるはずだ。そう考えないと議論する意味がないので、そう考えることにする。

今回活躍した選手たちの環境のどこが、それ以前と比べて良かったのか、なぜそれが今までできなかったのか。そこを誰か説明してほしい。そうでなくては、世界で活躍できずに終わったこれまでの選手たちが浮かばれない。もし誰もやらないなら、私があちこち取材に行って根掘り葉掘り事情聴取してやる。もっともこの業界は、自分が一番えらいと思っている人ばかりだから冷静な話はまず期待できない。どの指導者も今回の成功は自分の手柄だと言うに決まってるし、選手は自分の努力のおかげ、母親は自分が産んだから、父親は仕込みが良かったと思ってるだろう。取材に行く先々でまるめ込まれて結論が出ないような気もするが、それも卓球人生だ。

何を書いているのかわからなくなってきたが、そんないろんな想いが交錯した十代の活躍だった。

大会前に「試合を盛り上げるため酒を飲んで応援しろ」と書いたが、施設の規則で観客席は酒どころか飲食禁止だった。残念。また、テレビ東京のカメラ位置はいつにもまして高く、遠近感のない画面に選手が小さく映し出されており、卓球の魅力を伝えるチャンスを周到に逃していた。この改善は今後のお楽しみとしてとっておくことにしよう。

二〇一〇年世界選手権モスクワ大会・妄想観戦記

男子団体決勝の三十分前、中国男子チーム監督・劉国梁の携帯電話が鳴った。北京の蔡振華・国家スポーツ総局副局長兼中国卓球協会会長からだ。試合前の最後の戦術確認と激励だろう。この人心掌握術によって蔡振華はこの二十年間、中国チームを優勝に導いてきたのだ。

しかし、電話の内容は、これまでとはまったく違ったものだった。

「なんですって?」劉国梁は耳を疑った。

「聞こえなかったのか。ドイツに勝ちを譲れと言っているのだ」

「そんな……」

「これまで君たちが続けてきた並々ならぬ努力はわかっている。しかしこのまま我が中国が覇権を維持し続けたらどうなる? 強すぎる中国によって人民の卓球への興味は薄れ、卓球はもはや存在できなくなるだろう。これは卓球の危機、引いては国家の危機なのだ」

あまりのことに言葉が出ない劉国梁。だが蔡振華の命令は絶対である。蔡振華なくして卓球はなく、卓球なくしては劉国梁もない。

「……わかりました」

搾り出すように答える劉国梁に蔡振華は続けた。

「ただし、このことは観客にはおろか選手にも絶対に悟られてはならない。あくまで真剣勝負をして負けるのだ」

「それは不可能です！　もうオーダーも出しているのですよ。選手の協力なしにどうしてそんなことができましょう」

「それを考えるのが君の仕事だ。いいか、万が一にも中国が勝つようなことがあればそのときは……わかっているな劉国梁」


選手整列でどの選手よりも大きな拍手と声援を受けながら劉国梁は、これから自分がしようとしている事の後ろめたさと、それがやり通せるかどうかの不安に脂汗を流していた。

そして試合は始まった。一番、馬龍対ボル。中国がドイツに負けるためには何としても落としたいポイントだ。皮肉にも馬龍は絶好調。もはや躊躇している余裕はない。劉国梁は覚悟を決めた。

「馬龍。今日のボルは強い。このままでは勝ち目はない。次のゲームからレシーブをすべてロビングし、持久戦に持ち込むのだ」

「ええっ？　2－0で勝っているのに、どうしてロビングを上げなくてはならないのですか」

「これは君がやりたいかどうかの問題ではない。勝つかどうかの問題なのだ。ロビングをするのだ」

正しそうなのは口調だけでメチャクチャな指示だが、若い馬龍にはこれに対抗するだけの判断力はなく、首をかしげながらロビングに終始し逆転負けを喫したのだった。自分の指示とはいえ、こんなバカ気た作戦を真に受ける馬龍に、勝手にも腹が立つ劉国梁であった。

二番、馬琳対オフチャロフ。馬琳に負けさせるには実力差がありすぎる。ここは普通に戦わせるのが得策だろう。案の定、3－0で馬琳の勝ちとなった。これで中国1－1ドイツ。

計算違いは三番、張継科対ズースで起こった。劉国梁は同じ河南省出身の張継科にジュニア時代から目をかけており、張継科にとって劉国梁は実の親以上の存在である。劉国梁が言うことならどんなデタラメでも聞く準備はできている。劉国梁は力強く言った。

「今日のズースは強い。勝つためには促進ルールに持ち込んで活路を見出すしかない。レシーブをすべてツッツキせよ」

何の疑いも持たずにさっそくロングサーブまでツッツく張継科だったが、実はズース、前日の韓国戦で朱世爀のカットを打ち、完全に肩が上がらなくなっていた。「劉国梁先生の作戦が的中しました」とホクホク顔でツッツキまくる張継科を見ながら、劉国梁の顔からは血の気がどんどん失せていった。

ついに中国2－1ドイツ。あと一点でもとれば中国の勝ちとなり、その瞬間に自分のキャリアは終わる。しかも次は馬琳対ボル。この煮ても焼いても食えない問題児をどうやってボルに負けさせるのか。

「今日のボルは強い。勝つためにはフォアサイドのボールをすべて裏面チキータで……」

「あんた今日、そればっかりやん」

「うるさいっ！　その口のきき方はなんだっ！」

「なんや言われても地ィでんがな」

「それが監督に対する言葉遣いかっ！」

平手が馬琳の頬に飛んだ。

「なにすんねん！」殴り返す馬琳。

劉国梁の作戦どおりだった。指導に熱が入りすぎてつい手を上げた風を装って馬琳に怪我をさせるのだ。ついにベンチで取っ組み合いが始まった。勝負は完全に互角だ。

驚いたのはボルだ。なぜ世界選手権の決勝戦の最中にベンチで殴り合いをしなくてはならないのか。そんな気の荒い奴らに勝ったら自分も殴られるのか。それを考えると、大股びらきで構えたままの足腰が恐怖で震えた。と、その瞬間、股関節がメキメキッと音を立てて外れ、その場にバッタリと倒れ込んだではないか。そのまま担架で運ばれ、ボルは棄権となった。騒然となる会場。この瞬間、中国の五連覇が決まった。呆然自失《ぼうぜんじしつ》となったと

ころを馬琳にコブラツイストを極められる劉国梁。

世界戦から帰ってすぐの国家スポーツ総会で、決勝で負けた女子チーム監督の施之皓が国家卓球チーム総監督に任命されたが、そこに劉国梁の姿はなかった。伝え聞いた話によれば、世界戦から帰った翌日早朝、荷物を担いでひっそりと寄宿舎を出て行く劉国梁の姿を管理人が見たという。

宿舎の彼の部屋に残された、黒酢ダイエットの一升瓶に漬けすぎて真っ黒になった〝チキータ〟のバナナが、劉国梁の苦悩の深さと物忘れの激しさを物語っていた。

二〇一一年世界選手権
ロッテルダム大会・妄想観戦記

東日本大震災の後もしばらくは世界選手権には行くつもりでいたのだが、思いのほか余震が続いているため、泣く泣く中止を決めた。無理に行こうとすると今度は家庭内のプレート歪が大きくなって大地震につながるので、ここは細心の注意を払いたい。ウェブ速報のタイトルも『ロッテルダムの裏通り・ポポポポ〜ン速報』と決めていただけに残念である。

悔しいので世界選手権に行ったつもりで妄想観戦記を書くことにした。考えてみるとこれならば交通費も宿泊費もかからないばかりか、大会を待つ必要すらなく一石三鳥であるということで以下妄想。

——世界卓球史に類を見ない異例づくしの世界選手権大会だった。男子シングルスでの水谷の優勝、岸川の準優勝をはじめ、日本選手がベスト8を独占したのだ。六人しか出ていない日本選手がどうやってベスト8を独占できたのかといえば、他国の選手全員がルール違反で失格になったからだ。

ご存知のとおりＩＴＴＦは、市販の公認ラバーに対してユーザーがいかなる物理的・化学的処理を加えることも認めていない。いわゆる「後《あと》加工禁止」ルールである。しかし現実には、分析器で測定しても検出することができない「スピード増強剤」や「回転増強剤」が存在するため、それらを取り締まることは実質的に不可能であった。その結果、世界のトップ選手の間では、それらを使って試合をすることが半ば常態化していたのだった。

そこに登場したのが、昨年、ＩＴＴＦのルール大臣に就任した、若きドイツ人青年ミヒャエル・グスタフソンである。警察でもないのに常時警帽をかぶっている典型的なＫＹ（空気読めない）のグスタフソンは「検出できぬなら検出してしまえホトトギス」とばかり、

大会中に選手の控え室やホテルを抜き打ちで強制捜査を行い、ラバーの後加工の証拠を押さえるという強行手段に出たのだった。

最初に標的となったのは中国選手だった。大会初日の夜十一時、部下二人を引き連れたグスタフソンはロッテルダム市内の『マヒマヒ・ホテル・ロッテルダム』に踏み込んだ。さすがの中国選手団もこれは想定外だった。まず、張継科がホテルのロビーでラバーにサラダ油を塗っているところを押さえられて額に「失格」の焼印を押された。次に踏み込んだ部屋では、馬龍がゴマ油にスピンマックスを混ぜた液を今まさにラバーに塗ろうとしているところだった。隣の部屋では馬琳が小便でラバーを煮ていて、風呂では劉国梁監督がヒマシ油に肩まで浸かっていた。ルール違反以前に目的がよくわからないのだが、とりあえず異常な行為なので全員が失格となった。

この調子でグスタフソンは次々と各国選手のホテルに踏み込んでいった。

当然、日本チームが宿泊する『ホテル・ビンゴ』も捜索を受けたが、日本選手は普段から「後加工禁止」を徹底して守っており、ラバーを切らず接着剤も塗らずに試合をしてラバーがズレて失格になるほどだったので、全員が問題なしであった。何を勘違いしたのか一部の役員や取材陣が、頭髪その他もろもろの「後加工」の摘発を恐れてホテルを逃げ出す一幕もあったが大事には至らなかった。

このような経緯で、大会二日目には日本選手以外の全員がトーナメントから姿を消し、その結果、全種目で日本選手がベスト8を独占するという前代未聞の快挙を成し遂げたのだった。

日本人として八人目の男子シングルスの世界チャンピオンとなった水谷は「とても満足している。優勝しただけではなく〝敵なし〟の状態で優勝したことに価値がある」と語った。〝敵なし〟の意味が違うような気がするが。また、銅メダルに輝いた張は「正直、実感がわきません」と語ったが、一勝もしていないのだから無理もない。

今回の結果に対してグスタフソンは「選手がルールを守るのは当然。次回からはラケットも割って中を検査するので選手はスペアを用意して欲しい。ただしスペアもすべて割る」と語った。直後、シャラランＩＴＴＦ会長がグスタフソンの辞任を発表。実家のソーセージ屋を継ぐためというのがその理由であった。

このようにして波乱づくめのロッテルダム大会は終わった。ロクに試合のなかったこの大会で我々が学んだことがあるとすればそれは、ルールを守ることの大切さと、何事にも限度があるということであろう。

二〇一二年世界選手権
ドルトムント大会・妄想観戦記

二〇〇八年広州、二〇〇九年横浜、二〇一〇年モスクワに続き、現地速報要員として編集部と帯同した。連日の日本チームの頑張りをよそに、その舞台裏で人知れず孤独な戦いを繰り広げていた。その独り相撲とも言える妄想的戦いのレポート。

最初に異変に気がついたのは、男子グループリーグ第二戦のポーランド戦だった。二番の岸川対フローラスの第五ゲーム、岸川7―6フローラスでフローラスがタイムアウトを取った……はずだったが、コートサイドのスコアはなんと5―7でゲームカウントは0―2。メ、メチャクチャだ。電光掲示板が別にあるから良いようなものの、わけがわからなくなったらどうするのだ。見ればスコア係の青年は平然としている。続く三番の吉村対スタッフでもスコアやゲームカウントの間違いが頻発。一体何が起きているのだ。スコア係の横に回ってみた私は驚いた。なんとこやつ、机の下でパソコンをいじって「内職」していやがるのだ（トホホ）。続く四番の岸川対ゴラクでは……ひーっ、ゲームの合間に電話してる～っ（泣）。なんでこんな奴が世界選手権でスコア係をしているのだ？　結局、日本はポーランドに負けたが、コイツの異常な仕業が影響していなかったとは誰が言えよう。

間もなく同じコートで日本女子の第三戦ポーランド戦が始まった。実力では負ける可能性は低いが、なにしろスコア係はまたもや「彼」だ。油断をしているととんでもないことになる。そもそもコイツ、パソコンをいじっていないときでも常によそ見をしていてロクに試合を見ていないのだ。案の定、スコアは乱れまくったが、二番の平野対グルジボウスカではなんとスコアが減った。めくる方向を間違えたのだ（トホホ）。さらに信じがたいことに、同点になった後にスコアが入れ替わるという、なんでもアリ状態だ。こんなメチャクチャな状

電話の向こうは蔡振華か？

前代未聞！世界選手権で「内職」

況で、よく日本女子は冷静に戦って勝ったものだ。

それにしてもこれほど異常なスコア係が世界選手権の会場にいるというのはどう考えても不自然である。この状況を説明できる仮説は一つしかない。中国の工作員だ。パソコンや携帯電話をいじっていたのも、北京に連絡をしていたと考えれば説明がつく。ムチャクチャなスコア操作によって選手の精神を乱し、スキあらば一気にゲームセットにしてしまうという恐ろしい謀略《ぼうりゃく》だ。

男子決勝後の記者会見で彼らの謀略は図らずも露見することになる。私は中国のベンチワークの秘密をさぐろうと、劉国梁監督に「ゲーム中の選手へのアドバイスは、精神的なものと技術的なものの割合はどれくらいでしたか」と質問をした。その答えは驚くべきものだった。「キーポイントは、ベテラン選手と若い選

石川対パルティカ戦、ゲームオール10－9のラリー中ですらよそ見をしている。何しに来たのだ？

手を組み合わせて世代交代を上手くすることです」と言うのだ。……完全無視だ。同席していた今野編集長も「一九七九年ピョンヤン大会から世界選手権を見続けているが、これほどズレた答えは聞いた覚えがない」と驚きを隠せない。もしこれがわざとでないのなら劉国梁はよほどのバカか質問を聞いていなかったかのどちらかだが、世界一のチームを率いる監督にそんなことはあり得ない。これは「そんなことを聞くな」という無言のメッセージなのだ。また、これほどトンチンカンな答えを訂正することもなく「他に質問はありませんか」と笑顔で続ける司会者もまともではない。当然〝あちら側〟の人間だ。

乱れまくるスコア係、質問を黙殺する劉国

不気味な笑顔で
圧力をかける司会者

中国の秘密を探る著者

質問を黙殺する劉国梁

梁、そして不気味な笑顔の司会者。この三点をつないだ謀略のトライアングルに完全に包囲されてしまっていることに気づいた私は、急に息苦しさを感じて会見場を後にした。と、突然正体不明の男が近づいてきてカンボジアビールを突き出した。ドイツでカンボジアビール……古代クメール式暗号による脅しか。メインアリーナに戻ると二人の裸の男が奇妙なパフォーマンスによって「考えるのを止めろ」と強烈なサインを送ってきた。全身に脂汗が流れる。私も命は惜しい。考えるのを止めたことを〝彼ら〟に示すため、その夜私は、ブランコでドルトムントの夜空に舞った。悔しいが今回は私の負けだ。しかし私はその視線の先にすでに来年のパリ大会を見据えていた。モンマルトルにエッフェル塔にシャンゼリゼ通り。お昼はセーヌ川沿いのカフェでパリジェンヌとオウ、ジュッテインムッ。ハーッハッハ、待っているのだ劉国梁！

カンボジアビールを
突き出す正体不明の男

古代クメール語の暗号か？

“彼ら”からの強烈なサイン

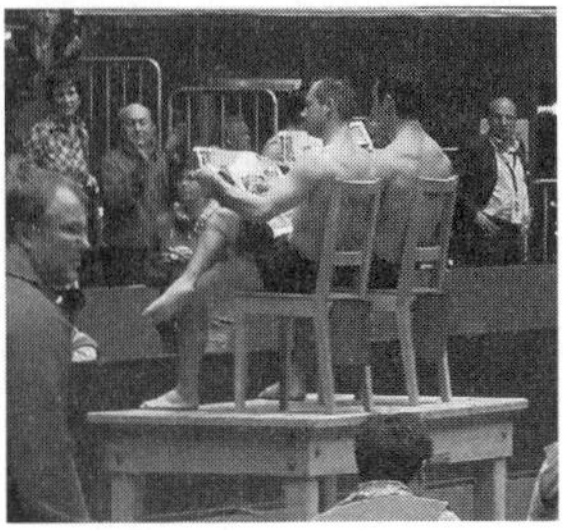

※この記事は事実に基づいた妄想です。
くれぐれも中国語に翻訳しないようご注意ください。

小説　勉強やらせて

「ただいま」卓也が帰宅すると、会社から帰ったばかりの父の隆文が夕食を食べていた。「今日の練習はどうだった？　翔くんには勝てたのか？」「うん」中学のときから通っている卓球教室のことだ。だが、卓也は練習をさぼっていた。今日だけではない。実のところ、もう三週間も教室には行っていない。

「翔くんあたりに勝ったり負けたりじゃ、どう頑張ってもいい大学に入れないぞ。お父さんが高校生のころは一日八時間は……」「お父さん」卓也は夕食に手もつけずに切り出した。「実は試験を受けたいんだ」「そうか。やっとやる気出したか。何の試験だ？　フットワークか？　素振りか？」「それが……物理の試験なんだ」突然のことに隆文は面食らった。「物理ってお前……勉強のか？」「うん。実は……勉強クラブに入ったんだ……」

卓也が勉強をし始めたのは一カ月ほど前になる。卓球教室に行く途中で、クラスではあまり目立たなかった学にばったり出くわし、誘われるままに勉強クラブに行ってみたのだった。

古い建物の地下にあるそのクラブは、卓也の知らない世界だった。小学生から年配の人まで、文字どおり老若男女がテーブルを囲み、楽しそうに勉強をしていたのだった。学は物理の本を見せて得意気に言った。「俺はこれが専門なんだ。この世界は厳密な法則に従って動いている。その法則でこの世のすべてがわかるんだ」学の目はキラキラと輝いていた。その目の輝きのためか、大げさな話のためかはわからないが、卓也はその日以来すっかり物理に魅了され、卓球教室をさぼって勉強していたのだった。

勉強を始めた者なら誰でも腕試しをしたくなるものだが、その最初の機会である全国模試の締切りが迫っていた。模試は保護者の同意がなくては

受けられないし、受験料もお小遣いでは払えそうになかった。それで卓也は父に打ち明ける決心をしたのだ。

長い沈黙の後、隆文は口を開いた。「たまに息抜きに勉強するのもいいだろう。しかしな。勉強で飯は食えないんだ。二次方程式の解の個数や古文のはべりの活用形に毎晩徹夜で学びふけって人生を棒に振った人間を何人も知ってる。まず卓球でしっかり成績を残して大学に入ってから勉強は趣味で好きなだけやればいいじゃないか」隆文の言うとおりだった。大学に進学するためには最低でもインターハイには出ていないといけないし、一流企業は三部リーグ以下の学生には門戸を閉ざしている。企業だけではない。司法試験は四方八方二十メートルのフットワークだし、医師国家試験は三千本ノーミスのカット打ちだ（こんなことだから医療事故が後を絶たないのだ）。卓球と仕事の能力は関係がなさそうなものだが、そんなことを言ってみても仕方がない。現実に今の日本は、卓球の実力がすべてに優先する卓球歴社会なのだ。

「それはわかってるよ。卓球はちゃんとするから勉強させてほしいんだ」隆文は台所から戻ってきた母の由紀と困ったように顔を見合わせると「そうか」と言って大きくため息をつき、通勤カバンから一冊の雑誌を取り出した。表紙には『勉強王国』と書いてある。

勉強クラブに置いてあったのと同じ雑誌だ。全国模試の結果や、科目別攻略法からペンや消しゴムなどの用具特集まで、勉強に関する記事が満載の雑誌だ。中でも〝奇天烈逆ぎょ～レツ〟という皮肉の効いたコラムが卓也のお気に入りだった。

「いつかは卓也にも言わないといけないと思っていたんだがね。お父さんの会社はこの雑誌を作ってるんだよ」卓球一筋の真面目人間の隆文の告白に、卓也は驚きで声も出なかった。「お父さんも学生時代に数学に夢中になってね。卓球の試合中もスコアを素数にすることばかり考えて練習にならなかったんだ」「勉強で人生を棒に振ったというのはお父さんなの」由紀が横から口を挟んだ。「しかしやっぱり俺の息子だな。やるなら一生懸命やるんだぞ。ただし卓球の成績が落ちたら勉強は止めさせるからな」そう言うと隆文は受験料の二万円を差し出した。「お父さん、ありがとう」

卓也は二階の自分の部屋に上がると、隆文からもらった『勉強王国』をめくった。〝奇天烈逆ぎょ～レツ〟の執筆者の欄をよく見ると、なんと隆文の名前が書いてあった。数学をネタにした滑りまくりのギャグだった。「お父さん、これじゃ卓球ばかりか数学だってできたかどうか怪しいな」そう思うと、卓也はなぜか無性に嬉しくなるのだった。

第四章

アメリカ

『南アラバマ卓球クラブ』

二〇〇〇年の十二月、仕事でアメリカのアラバマ州のドーサンという小さな町に二週間の滞在をしたときのことだ。私は、スキあらばアメリカ人と卓球をしてやろうと、ひそかにラケットをスーツケースに忍ばせ、明らかに仕事には不必要な近辺の地図を買い込んでいたのだった。

平日の仕事は思いのほか順調に進み、まんまと土曜と日曜をフリーにすることに成功した。卓球ができる。

さっそくインターネットで卓球クラブを探してみると『南アラバマ卓球クラブ（Lower Alabama Table Tennis Club）』というのが一番近い。二二〇キロか。行けるな。

こうなるともう、いてもたってもいられない。電子メールなんてまどろっこしい。電話をするのだ。知らないアメリカ人とカタコトの英語で電話をするなんて、仕事なら恐ろしくてとてもできないが、卓球をしたい気持ちの方が勝ってしまう。

電話に出たのは上品な低音の声の紳士だった。「自分は日本から仕事で来たのだが、卓球をしに行っても良いか」と聞くと「イエース！」と感情たっぷりの答え。大歓迎だという。嬉しい。驚いたのは、そこは二四時間三六五日、いつでも無料で卓球ができるらしいのだ（卓球台がヨーラ製だと強調するところがなんとも可笑しかった）。そんなところ日本にもめったにないだろう。さすがアメリカ、こういう福祉は進んでいるのだなと感心したのだった。このときすでに私は正常な判断能力を失っていたのである。遠くから行くのでホテルに泊まるつもりだと言うと、なんと彼の家に泊めてくれ、ステーキもたらふく食わせてくれるという。卓球が好きな人はみんないい人なのだ。一般のアメリカ人の家に泊まるなんて、得がたい経験だ。多少の不安はあったものの、ともかく行ってみることにしたのだった。

信号などほとんどない真っ直ぐな道路をひたすらレンタカーを走らせ、その町、ブリュートンに着いたのは午後二時頃だったと思う。いったい、どんな人たちがいるクラブなんだろう。いやがうえにも期待は高まる。

小さな雑貨店でおみやげにビールを買い、そこから電話をすると、まもなく六十代半ばくらいの白人男性が迎えに来てくれた。彼が『南アラバマ卓球クラブ』を主宰する、ロナルド・ピータースであった。車でついていくと、まず彼の家に案内された。さすがに家の中に入るときには私も警戒したのだが、彼の奥さんや高校生くらいの息子さんと娘さんを紹介され、まずは安心した。彼が異常殺人者である可能性は、ほぼなくなったわけだ。

家の中は通路の両側にいろいろな物が積み上げられており、家中が物であふれているといった感じだ。そしてその狭い通路を抜けてパッと空間が広がったとき、私は愕然《がくぜん》とした。そこにはヨーラの卓球台が一台おいてあった。ま、まさか。

彼は「すぐに着替えてくれ」と言う。まだろくに話もしていない。飢えている。このジイさんは卓球に飢えているのだ。そしてそのままそこで練習が始まってしまった。そうか……やっぱりか。練習を開始して二、三分経った頃、私は無駄と知りつつ最後の確認を行なった。「南アラバマ卓球クラブとは、ここですか?」彼は「イエース!」と、電話のときと同じ声で言った。

そう、このジイさんと一台の卓球台が『南アラバマ卓球クラブ』のすべてなのだ。電話では、クラブ員は十八人ぐらいと言っていたが、どうせそれはここで練習した人の合計だろう。おそらくクラブ員などいるまい。いるはずがない。このジイさんは、私のような卓球好きがやってくるのをこの自宅の卓球場で年中まち構えているのだ。

『南アラバマ卓球クラブ』と聞き、老若男女がワイワイと卓球を楽しむ活気に満ちたクラブを想像していた私は、なんともいえない失望感に打ちのめされた。こうなれば、この卓球狂いのジイさんと一緒に、思いっきり卓球を楽しもう。そう私は自分に言い聞かせたのだった。

ピータースはオーソドックスなカットマンだった。困ったのは彼の練習方法だ。切れていない高いカットを私によこしてスマッシュをさせるのだが、いくら打ち抜いても「もっと強く打ってくれ」と私に要求するのだ。いったい何の練習だろうか。私は普通でも二時間も練習をしたらもうヘトヘトである。いわんや連続スマッシュをや。ところが彼はストップもとらない超省エネ卓球で、さっぱり疲れないものだから、練習を休ませてはくれない。二時間ぐらい経ったころ、やっと休ませてくれたのだが、十分もすると「練習しよう」ときた。「あなたは三十歳、わたしは六十歳」「私が若いときは八時間練習した」といった調子だ。私は最後の力を振り絞って夕方まで四時間も練習をしたのだった。

夕食をしながら彼から聞いた話は、ステーキ同様に大変なボリュームだった。自分は歯医者で町一番の金持ちであること、アラバマ州の卓球界ではドクター・チョップと呼ばれて有名であること、娘がとても美人で富豪と結婚したことなど、自慢話のオンパレードだ。私が感心して聞くものだから、彼はどんどん調子に乗ってくる。自分はこの世で許せないものが三つある、それはホモ、売春婦、ヤクの売人だ、という具合だ。このあたりからだんだん雲行きが怪しくなってくる。ちょっと不安な気持ちになっていると、彼は奥から巨大なサーベルを持ってきた。もちろん本物だ。いきなりこんな物騒なものを見せて「触ってみろ」と言われても。狼狽《ろうばい》している私に彼は「もっといいものを見せてやる」と二階に案内した。

物だらけの狭い階段を抜けて奥の部屋に入り、ドアを閉められたときには、さすがに私も生きた心地がしなかった。そこにはおびただしい数の銃が置いてあった。

私は、なんとか平静を装い、彼の撃ち気をそらそうと（そんな兆候はなかったのだが）置いてあった工作機械について質問をした。その機械は、火薬と薬きょうと弾頭を組み合わせて銃弾を作るものだという。「なぜ売っている銃弾を使わないのか」と聞くと「自分で作らないと満足する銃弾はできないのだ」と言う。「卓球だって同じだろ」と彼は言った。なるほど、と感心してみせるが、本当はそんなことはどうでもよい。私は、どうしても気になっていたことを聞いた。「この銃で、何を撃つんですか」。彼は、銃を持ったまま低い声で「エブリシング」と答えた。わーっ、それはどういう意味だーっ。

結局、彼はノーマルな銃マニアだっただけなのだが、このときの恐怖は未だに忘れることができない。

その後も彼の話は続いた。彼が入っている小さな新興宗教の話、自分の生い立ちなどが語られた。しまいには「実はボク、癌《がん》なんだ」と告白され手術の痕を見せられる。一体、どうしたらよいのだろうか。あまりの情報量の多さに頭が混乱してくる。彼の生家を訪ねたビデオ映像を延々と解説されるに至って、私の疲労は頂点に達した。だいたい、私は一般のアメリカ人が手加減しないで話す英語はほとんどわからない。彼の話の八割はわからないのだ。それでも彼の顔を見て話を聞くふりをするのでどうしても彼の顔のシワやらシミなどどうでもいいことに注意がいく。そうやってほとんど気を失いかけ、時計が九時半を回った頃、彼は「練習しよう」と当然のように言った。どひゃー。私はもはや抜け殻のようになりながら、それから一時間半もスマッシュを打ち続けたのだった。

翌日も、もちろん朝から練習。夕方まで練習をする勢いだ。冗談ではない。私は昼食をいただくと、止められるのを振り切って、この恐るべき『南アラバマ卓球クラブ』を後にしたのだった。

その後、もらった名刺のアドレスに何度かお礼の電子メールをしたが、何度送ってもエラーで返ってくるだけだった。そのうちこのクラブの名前はアメリカ卓球協会のサイトから消えてしまった。癌だと言っていたから亡くなったのかもしれないと諦めていたのだが、七年後に再会を果たすことになった。

英会話教室

アメリカのドーサンには仕事で何度か行き来していた関係もあって、二〇〇七年の二月から赴任をすることになった。任期は三年ということだった。気持ちの上では卓球コラムニストが本業だと思っているのだが、現実には卓球とは関係のないサラリーマンである。「アメリカでの卓球の普及は卓球界の大きな課題なのでがんばってほしい」とＩＴＴＦの榎並女史からメールがきた。いったい何のための赴任だと思っているのだろうか。

そういうわけで、赴任前の二カ月間、英会話教室に通うことになった。それまでは勢いまかせの適当な英語だったので、さすがに本格的な英会話を身につけなくてはならない。赴任者ともなれば、卓球の日本代表選手と同じで、日本人の代表として見られる。もう「ネイティブスピーカー」を「ネガディブスピーカー」と言い間違えたり、「シチズン（市民）」を「プリズン（刑務所）」と言い間違えるようなことではいけないのだ。

英会話教室では最初にレベルチェックというものをされた。私がどれくらい英会話ができるか実力をチェックしようというのだ。簡単な会話から段々と難しい話になっていって、最後には「これ以上はわからない」というところまでやられるのだろうから、あまり気分のよいものではない。

レベルチェック係のアメリカ人と二人で個室に入り、互いに自己紹介をした。と、そのまま世間話風に会話が続けられ、終わる気配がない。そういえば彼の手元にはメモらしきものがある。どうやらもうレベルチェックが始まっているようである。ＯＫ、そういうことか。「どこに行くのか」と聞くので「アメリカのアラバマ州に行く」と答えた。「先週末は何をしたか」と聞くので「卓球をした」と答えた。「今週末は何をするつもりか」と聞くのでやはり「卓球」と答えざるをえない。「趣味は何ですか」もちろん「卓球」だ。こちらも変化のある返事をしたいのだが、この質問ではしたくてもできない。かといって英会話のためにウソを答える気にもなれない。なんだか私が会話を拒否しているような後ろめたい気持ちになるが、しかたがない。

と、急に話は変って「どこで生まれたか」と聞くので「岩手県です」と答えた。すると、さも興味ありげな表情で「両親とあなたはどこが違いますか」と聞かれた。そんな質問をする人がいるだろうか。名前、身長、性格、違うところなど無数にある。いったい何を聞きたいのだ？　と思ったところで「あ、どうでもよい質問か」と我に返り「顔が違います」と答えた。案の定、彼は私の答えに興味を示さない。他人にこれほど答えづらい質問をしておきながら、その答えにはてんで興味が無いというのだから、理不尽な話である。

話はまた変って「暇なときは何をしますか」ときた。さすがにまた「卓球」と答えるのも気まずいので「私は月刊誌のコラムニストなので卓球の記事を書いています」と自慢半分で答えた。自分をアピールすることが当たり前のアメリカ人になら、これくらいのことは言ってもよかろう。ところがコイツ、コラムのことには目もくれず、「オボンって何ですか」と聞きやがる。おい！　聞いてるのか人の話！　私は四苦八苦しながらお盆について説明をしたが（ここいらが私の英会話の限界である）、どうせそんなことは知っていて聞いているに決まっている。不愉快な話である。

その後は環境問題らしい話や政治問題っぽい話になって急にわけがわからなくなり、私のレベルチェックは終了となったのだった。なんとも後味の悪いものであった。

もしこれが卓球教室で、私がレベルチェック係ならどうだろう。まずは打ちやすいところに回転も高さも一定のボールを送ってやる。安定して入るようなら次はバックだ。ふんふん一応両方できるようだな。それならちょっと下回転をかけてみようか。おっ、ちゃんと対応するね。感心感心。なんだ、横も返せるのか。君、素人じゃないね。じゃ、もっと切るよ。ほお。じゃ、これは？……フリックかい！　そ、それならそうとキミ、最初から。このドライブは……止めるよね。まあワンコースのブロックは簡単だからね。たとえば、こう（フンッ！）とか、こう（フンッ！）……カウンターですか！　はぁはぁ。あ？　関東学生？　はあ……実業団……ですか。ええと、それで……あんたいったい何しに来たの？

などという、嫌な妄想をしながら教室に通う日々であった。英会話教室に行く予定のある卓球フリークの方の参考になれば幸いである。

こんなことも聞かれた
日本人とアメリカ人どこが違いますか
自分で考えろよそんなこと

『WGTC』

二〇〇〇年にドーサンに出張をしたとき、ピータースの紹介で一度だけ卓球をしたのがウォレン・マックネイルという男である。電子メールで連絡を取り合って練習の約束をしたのだが、のっけから「自分はホビープレーヤーではなくてシリアスプレーヤーだ」と書いてきたりしてさすがアメリカ人だと思ったものである。待ち合わせの体育館にいくと、ロビーの自販機の前に卓球台が置いてあった。無いよりマシだなと思って待っていると、卓球ができるとは思えないほど太った男がふうふう言いながらやってきた。これがウォレンである。挨拶を交わして練習をしようとすると「ボールがない」と言う。そんな話があるだろうか。仕方がないので体育館の事務室に行き、無印・クリーム色の正体不明のボールを買った。弾みがメチャクチャで軟式より柔らかい。なんとかこれで卓球を始めたのだがこの男、カットマンのくせにカットどころかツッツキも入らず試合にならない。話してみると「卓球をしたのは六年ぶりだ」と言う。何なんだ一体。ひどいシリアスプレーヤーもいたものである。

　赴任することが決まってからこのウォレンと連絡を取ったところ「お前とやってひどいめに遭ったことがきっかけであの後クラブを作り、今では週二回練習している」と返事が来た。どうせまたボールもないんだろうと思っていたのだが、行ってみると専用の卓球場があり、メンバーも六人もいて、すっかり嬉しくなってしまった。クラブの名は、この地方一帯の地名を取って『Wiregrass Table Tennis Club（ＷＧＴＴＣ）』という。ウォレンは卓球の腕も上がり、このクラブの会長に納まっていた。おまけに、卓球用品のディーラーもやっているので、卓球用品は自分から買えという。なんというか……。ともあれ私は大歓迎を受けてこの『ＷＧＴＴＣ』に入会したのである。

このクラブのエースがチャック・アウトローである。ご先祖様は銀行強盗だったとうそぶくこの男、大変な短気で、とにかく負けるとラケットをブン投げて帰ってしまう。そのくせ翌週には"Jota, My friend"などと機嫌よく誘ってくる。大会でも格下に負けたりすると、泊りがけだろうが団体戦だろうがかまわず帰るのだそうである。一度など、中国人の女性に負けて、その場でラケットをへし折ったという。戦型も変わっていて、極端に薄く弾まないラケットのバック面に粒高を貼り、フォア面に粘着性を貼ってスピンマックスでベタベタにし、上半身だけベンチプレスでレスラーのように鍛えて足はまったく動かさないのである。何かが間違っていると思うのだが、面白いので放っておく。

ウォレンは会長らしく、チャックが癇癪《かんしゃく》を起こすと私のところにきて、口を閉じたまま「グググッ」と鼻で笑いながら解説をしてくれる。ウォレンによれば、チャックは以前はそれほど短気ではなかったのだが、一度まぐれで強い選手に勝ってから、思い上がっているのだという。人間模様である。他にも高校の科学の先生だというロビーと、その生徒でなぜか帽子をかぶって卓球をするレギン、全身筋肉で十五ミリの特厚ラケットに両裏のブロックマン（どうしてそういう戦型を思いつくのか）スコット、気弱なキースといった面々である。練習はほとんどゲーム練習で、白熱してくると「お前はネットが多い」「そっちこそネットばかりだ」とお互いに言い合っている。日本の卓球クラブのオヤジたちと同じである。

赴任した年の三月に、クラブの面々と一緒に初めての大会「ドーサン・オープン」に参加した。参加者は近隣の五州から集まった三十六人で、六人の総当りを二回やる形式だ。私は最終的に六位で少しがっかりしたが、まあ実力どおりである。チャックは私の期待どおり、負けて途中で帰ってしまった。優勝したのは台湾生まれのロッキー・ウェンという男で、ジュニアのころアメリカ代表として東京の大会に出たことがあるという。決勝は最終ゲーム3―9で負けていたのだが、セクシーモデル風美人の彼女が観客席から「カムォーン、ロッキー!」「カムォーン、ベイビィ!」などと情熱的な応援を始めた途端、そこから八本連取して勝ってしまった。この出来事は『WGTTC』のメンバーをいたく刺激し、彼女の掛け声を卑猥《ひわい》な感じに歪曲《わいきょく》した物マネがしばらく流行したのもまた日本のクラブと同じ光景であった。

ピータースとの再会

赴任してすぐに、ウォレンに恐る恐るピータースのことを聞いてみると、嬉しいことに彼はまだ元気であり、それどころか試合に出ているという。なんて嬉しいのだろう。ぜひ会って、恐ろしくも楽しい一夜のお礼を言わなくてはならない。

三月のドーサンオープンにピータースが来るかもしれないと期待していたのだが、残念ながら試合には出てこなかった。昼ごろになって、ウォレンが選手たちに「ピータースが来た、ピータースが来た」と声をかけると、みんなゾロゾロとロビーに向かって歩き始めた。彼が試合を見に来たのだ。選手たちがみんな挨拶に行くのだから、ああ見えてたいした人望なのだ。七年前にたった一晩泊まっただけの私のことなど覚えていてくれるだろうか。はやる気持ちを抑えながらロビーに行くと、選手たちがテーブルを囲んで見下ろしている。ああ、そうか。ピータースはもう歩けないほど衰弱しているのだ。それでも大好きな卓球の試合を見に担架で運ばれるようにして来たのだ。胸がふさがれる思いで人だかりに近づくと、テーブルにピータースはおらず、ピザが置いてあった。ウォレンは「ピッツァースが来た」つまり「ピザが来た」と言っていたのである。

あるとき、我がクラブ『ＷＧＴＴＣ』に、スタンという人が飛び入りで練習に来たのだが、連れてきた奥さんが郁美さんという日本人だった。いろいろ話してみると、なんと彼らはピータースと家を訪ね合う仲だという。それで、めでたく四月のある日、郁美さんの家で卓球がてらピータースと再会することになったのだった。

そこは小さな田舎町で、アラバマ州とフロリダ州との境にあるので『フロララ』と名づけられたという、冗談のような町だ。湖畔にある郁美さんの家に着くと、すでにガレージの卓球場では、スタン、友人のスコット、そしてピータースが汗を流していた。ピータースは少し髪が薄くなったが七年前とあまり変わっていなかった。彼のことを書いた卓球王国を見せると、大喜びで「どんなことが書いてあるのか読んでくれ」という。英語が堪能な郁美さんが訳そうとしたのだが、あまりの内容にとても訳せないという。「ピータースならわかってくれる」そう思った私は、文章を指で追いながら、思いっきり意訳ですべて説明することにした。思った通りピータースは「このクソジジイ(old shit guy)」などという部分も喜んで笑って聞いている。私のコラムの存在意義を理解しているのだ。ピータースはとにかくはしゃいで、数行おきに私の朗読を中断して立ち上がり、みんなに向かってそれにまつわる怪しい演説をしばらくしては満足すると座って「続けてくれ」と子供のような表情で聞き入った。こうして二十分ぐらいかけて最後まで解説したのだった。

ピータースは自分の病状や放射線治療の副作用の話など、悲観的な話を淡々と語った。そのくせ、いざ卓球をすると、ボールを拾うときに「うーっ」とわざと大げさなうめき声を上げてみせたり、芝居がかった口調で「おまえはこんな老人に本気で打ち込んで恥ずかしくないのか」と言ったり、こちらがカットの変化にひっかかろうものならシャツに刺繍されている自分でつけたニックネーム〝ドクター・チョップ〟（英語圏ではカットのことをチョップという）を指差して「読め」と言ったりするのだ。本当に食えない、そして憎めないジジイなのだ。

アメリカ南部の田舎の湖が見える家で、余命いくばくもない老人と卓球をする、これにはいったいどういう意味があるのだろう。卓球とは、生きるとは何だろう、と、言葉にできない思いが頭の中を巡った。

帰り際、ピータースは車のダッシュボードから拳銃を出してきた（まただ）。怪しい奴が車の前に立ちはだかったらすぐに撃つのだという。本当に食えないジジイである。ピータースは卓球王国の記事のコピーを大事そうに持って初夏の闇に消えて行った。

アメリカ卓球用具事情

アメリカの卓球の競技人口の割合は日本の四十分の一だが、実は卓球台の消費は世界一であることはあまり知られていない。そう、スポーツではなくて遊戯としては大変な普及率を誇っているのだ。職場でも、家に卓球台があるという人が何人もいるし、スーパーマーケットでもラケットやボールだけではなく卓球台まで売っている。

職場にゲイリーという年配のアメリカ人がいたのだが、少年時代に卓球にかなり熱中していたという。どんなラケットを使っていたか聞くと、なんとサンドペーパーラケットだと言う。私は耳を疑った。サンドペーパーったらあんた、一九〇二年にイギリスのE・Cグッド氏が薬局のつり銭皿のゴムをラケットに貼って優勝してラバーが爆発的に普及する以前のものだ。いくらゲイリーが年寄りだといっても、彼が少年だった一九六〇年代には、そんなものとっくにルールで禁止されていたし、存在さえしたはずがない。私ほどの卓球狂でも実物を見たことは一度もない歴史上の用具なのだ。ところが「普通に店で売ってたよ」という。さすがアメリカ、国際ルールなど知ったことではないのだ。

その後、卓球の試合に出るため、バーミングハムというアラバマ最大の都市に行き、BumperNetという卓球専門店に行った。なんとそこに、サンドペーパーラケットが堂々と売っていたのだ。製品名は『Thunder』だ（どうせならSanderの方がよかったのに）。しかもあきれたことに「アメリカ卓球協会公認」と書いてある。いったい何を公認したというのか。ルール違反であることとか。店員に「どうしてこれが公認なのか」ときくと「いや、ルール違反だ」と繰り返すだけであった。いっちょまえに〝スピード40、回転30、コントロール100〟と書いてあるところが泣かせる。回転が30もあるのか。そういえば、ゲイリーが「コントロールがいいから好きなんだ」といっていた。わかってるじゃないか。注意書きには〝ボールの耐久性が落ちます〟とも書いてあった。そりゃそうだろう。即ゲット。

バタフライのラバー貼りラケットもたくさん売っていた。製品ごとにメイスなど、一流選手の写真がデカデカと使われているのだが、それにつけられている製品名がすこぶるおかしい。ざっとならべると（カッコ内は私の解釈）、呉尚垠はSENSHU（選手）、金擇洙はSHIDO（指導）、孔令輝はKYOSHI（教師）、プリモラッツはKODO（講堂？

行動？）、ボルはＳＨＩＫＡＴＡ（仕方）、松下浩二がＮＡＩＦＵ（ナイフ）という具合で、まことに奇妙奇天烈だ。中には、蒋澎龍のＴＡＳＨＩＫＡ（確か）、メイスのＴＥＮＳＡＩ（天才）、吉田海偉のＳＡＴＯＲＩ（悟り）など、ギリギリ「あり」のものもあるが（ないか？）、それにしてもおかしい。パッケージには性能の説明が書いてあるが、もちろん製品名とはまったく関係がない（関係のつけようがないだろこれじゃ）。どうせアメリカ人には意味などわからないとはいえ、日本人としても違和感のない名前にしてもよさそうなものだ。どうしてこんな奇妙な名前をつけているのか不思議だ。

展示してあるのはラバー貼りラケットばかり（別売りの商品は隠してある）で、安物ばかりだと思っているととんでもない目に遭う。なんと、『アリレートカーボン＋両面ブライス』などというラバー貼りラケットが売っているのだ。値段は２１５ドルで約二万円だ。スレイバー、タキネス等のラバー貼りラケットもあった。嬉しい驚きに店頭で顔がほころぶのを抑えきれない。

しかしなんといっても凄かったのはミシュラン製のラケットだ。ミシュランといえばフランスの超一流タイヤメーカーだが、何を血迷ったか、そのミシュランが高度な技術を卓球のラケットに集結し、ＡＤＳ（エア・ドライバー・システム）という革新的な技術を開発したのだという。だが困ったことに（笑）このラケット、ゴムとプラスチックだけでできているので問答無用のルール違反なのだ（85％以上は木材と決まっている）。しかもＡＤＳとは単に打球面に穴があるだけのことで、安直極まりない。即、買って打球してみると、やはり回転もスピードも出ない非の打ちどころのないクソラケットであった。二〇〇六年のデザイン賞を受賞したそうで、パッケージにはガシアンのサインなどしてある。さすがにアメリカ卓球協会の公認マークはなかった。ミシュランが、その威信をかけて得ようとしたものはいったい何だったのだろうか。

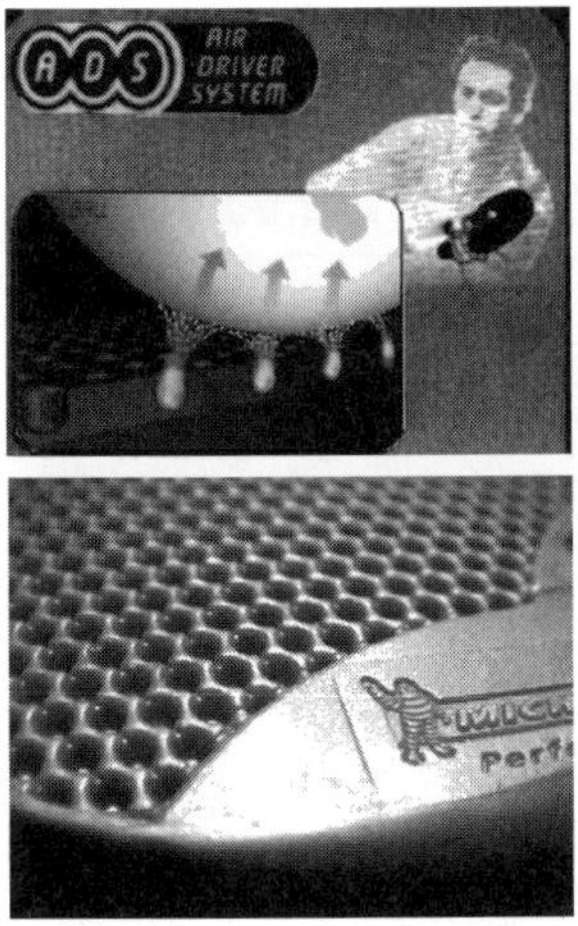

これがミシュランのADS（エア・ドライバー・システム）だ!!

チャックとウォレン

ドーサンに赴任した直後は賑わっていた『WGTTC』だったが、それは最初だけで、ほどなくチャックとウォレンと私の三人だけになってしまった。私は彼らから一目おかれ、「コーチしてくれ」と言われていた。彼らは、まともな指導を受けたことがほとんどないので指導に飢えていたのだ。二人の卓球を見ていると、たしかに見事に基本がなっておらず、私のような「教えたがり」にとっては、格好の獲物であった。

たとえばチャックはドライブ型なのだが、フォアハンドを体の回転をまったく使わずに腕だけで打つ。足はほとんど動かさず、よほど遠くにボールが来たとき以外は棒立ちである。それでもある程度やるのだから身体能力は高いのだ。一方、ウォレンはカットマンなのだが、これも足をほとんど動かさず、特にバックカットを左足前のまま体の正面で打球をするので、守備範囲は狭いしスイング速度は出ないしといった具合だ。

二人とも足を動かさない卓球なのでさっぱり疲れず、平気で五時間も六時間も練習をする。私が二時間でヘトヘトになって帰ろうとすると「お前は体力がない」と言うのだが、六時間も疲れずにできるような卓球をしているから上手くならないのだ。これでグルーや粒高を使っているのだから頭が痛い。

　まずチャックには、フォアハンドの基本として、膝を使って腰を回転させることを教えた。チャックは素直で頭が良く、すぐに原理を理解し、ほとんどその日のうちに膝を使えるようになった。もともとレスラーのような恐ろしいほどの筋肉がある奴なので、球威の向上は目を見張るばかりだった。まるで、使い方がわからなくて何十年も車庫に眠っていたスポーツカーのエンジンを初めてかけたような感じだ。

　一方、ウォレンには困った。「教えてくれ」

と言うくせに、いざ教えると反論ばかりで、さっぱり言うことを聞かない。フォアカットとバックカットのスタンスを説明すると「いちいちスタンスを変えていたら次のボールに間に合わない」と言う。「間に合うからやってみろ」と言っても「いや、間に合わない」と聞かない。「日本じゃ中学生だってやってるぞ」と言うと「そりゃ中学生ならできるさ。俺は四十だぞ」といった調子で、まったくどうにもならない。

以上のように、練習においてはチャックはよい生徒でウォレンは困った奴なのだが、大会に出るとこれが逆転する。ウォレンはかなりのビビリ性で、試合会場では青い顔をして私のアドバイスを素直に聞くのだ。カットマンのくせに自分から仕掛けすぎて凡ミスばかりだったので「点を取ろうと思うな。日が暮れるまでラリーを続けるつもりでコートの真ん中に安全なカットを入れ続けろ。このレベルならそれで自動的にお前の勝ちだ」とアドバイスした。そのとおりにしたウォレンはどんどん勝って自己最高のレーティングを手にし、大喜びだった。

一方、チャックはいいドライブを持っているのに、試合ではバック面の粒高で止めてばかりでさっぱり攻撃しない。リスクを冒《おか》すのが嫌なのだ。いよいよ負けそうになると、試合中にもかかわらず「俺はもう帰る」などと言い始める。そして本当に残りの試合をすべて棄権して帰ってしまうのだ。特にレーティングの低い選手との試合しか残ってなかったりすると、勝ってもレーティングが上がらないので、わざと帰るらしい。さすがにここまで身勝手だと「こんな奴に卓球教えていいんだろうか」という気になる。

ともあれ教えるのは楽しいのだが、いい気になってばかりもいられない。ある大会で、チャックが左利きの選手と試合をしたとき「つなぎボールは意識して相手のバックに打て」とアドバイスした。いつも右とやっていると、無意識に左のフォアにつないでしまうものだからだ。結局チャックはゲームオールで負けたが、その後、決勝トーナメントで、今度は私がその相手とやってストレートで負けてしまった。試合後、チャックとウォレンがニヤニヤしながらやってきて「どした？　バック狙えばいいんじゃなかったのか？」と言った。こいつら……率直というか失礼というかガキというか。

ともあれ、この煮ても焼いても食えない二人だけが、私のドーサンでのアメリカ人の友人だったのである。まったく気の抜けない二人なのであった。

社内卓球模様

私は赴任した当初から「趣味は卓球」と会社でも公言していたので、会社の中でもいろいろと卓球にまつわる話がある。

まず、同じ係になったグレッグという男が、自分も小さい頃に卓球をしていたと言う。近所に卓球狂の歯医者がいて、兄と一緒に毎日のように卓球を教えられたというのだ。ここで私はピンときた。歯医者と言えばピータースだ。車で二時間も走らなければ練習相手がいないこの辺りに、歯医者の卓球狂が二人もいるわけがない。私はグレッグの話をなにくわぬ顔で聞いて、しばらくしてから「ところであなたはブリュートンの出身でしょ?」と言ってやった。グレッグは目を丸くして「ど、どうして知ってるんだ?」と言った。ドーサンの住人でも知らない人がいるほど田舎の小さな町を、日本から来たばかりの私が知っているのだから驚くわけだ。実に世間は、いや、卓球界は狭い。

次に、リックという幹部の一人が「自分は卓球でアラバマ州チャンピオンになったことがある」と言い出した。にわかには信じられないので試しに「どんなラバーを使ってるんですか?」と聞いてみた。リックがすました顔で「ラージ」と答えると、周りにいたアメリカ人たちが大笑いをした。私は全然わけがわからない。卓球界ではラージといえばラージボールだが、アメリカ人はラージボールなど知らないはずだし、質問の答えにもなっていない。後で日本人の先輩に聞いてやっと意味がわかった。アメリカではコンドームのことをラバーと言うのだった。

最後はデリルの話だ。デリルは昔、会社でやった卓球大会で優勝した腕前であり、私が卓球が得意だと知ると「勝負しよう」と会うたびに誘ってくる。それである日の昼休み、近くの教会でやることになった。デリルの卓球は本格的なものでは

なかったが、趣味の卓球としては十分な腕前だった。とはいえ、私と勝負になるわけではない。試合をしようというので、適当に点を与えながらゲームだけは取られないようにして楽しんだ。

おそらく卓球以外のことでも同じだと思うが、ある実力以下の人は他人の技術を見る眼力がないため（それがないから上達しないとも言える）、相手が手を抜いている場合でもその実力差にはまったく気がつかない。そのため点数が競ったことだけを根拠に「惜しかった」と思うのだ。彼らには点数以外のものは見えないからだ。

デリルもこの例にもれず、私と良い勝負だったとあちこちで吹聴したらしく、ゲイリーという同僚が「本当なのか」と血相を変えて聞いてきた。私が真実を伝えると「それなら、俺たちの前でスコンクにしてやってくれ」という。私がそんなことはしたくないと言うと「いや、これがアメリカ式なんだ。あいつがいい気になっているのが許せないんだ」と言う。実に人間模様である。

あるとき、デリルがまた卓球を誘ってきたのだが、わざわざ教会に行くのは面倒で気が進まない。それで「会社に卓球台があればいいのにね」という話になった。するとデリル、私の家から卓球台を持って来られないかと言う。ずいぶんとずうずうしい話だと思ったが、どうせ許可が出るわけがないので「いいよ」と言った。するとデリル、すぐに社長のところに行って「社員同士の交流のため」などと言って、まんまと許可を得てしまった。それどころか社長が「ジョウタが卓球台を寄付するんだって?」と言うではないか。誰が言ったそんなこと。

ともかく、約束した手前、断るわけにもいかない。「問題は運搬方法だな」などと無駄な抵抗を試みたが、デリルがあっさり家からトレーラーを持ってきて解決。あっという間に運ばれてしまった。

そういうわけで、それから帰任するまでの間、会社の空き部屋には私の卓球台が置かれ、昼休みに毎日、数人が卓球を楽しんでいたのであった。その後デリルとは何ゲームもやるうちに、ゲームを落とすハメになったが、負けるのだけは避けることができた。デリルは「俺は競り合いに弱い」と悔しそうだったが、最後まで実力が違うことには気がつかなかったようだ。

アメリカン卓球ライフ

私はアメリカ赴任中は卓球をする情熱はほとんどなくなっていたのだが、それでもクラブ仲間に誘われて年に二、三回はあちこちの試合に参加していて、アメリカならではの印象深い経験をした。

私はドーサン近辺ではトップクラスなので、なにかと注目されたものだった。試合はいつも六人ぐらいずつのグループに分けられて総当りをやるのだが、試合前にいろんな人がやってきて私のグループのリストを見て「大丈夫、お前が負ける相手はいない」などと言ったりする。私のことが気になって仕方がないのだ。日本ではこういう立場になったことはなかったので、実にくすぐったいような良い気持ちがする。また、女子大生がやってきて「ラケット見せてもらっていいですか」などと言われたこともある。嬉しくて笑いを堪えるのが大変である。これも真面目に卓球をしてきたご褒美だ。さすがに優勝して小学生からサインボールを頼まれたときには、何か途方もなく間違った行為だとは思ったが、断るのはもっと間違っていると思い、心を鬼にしてサインをした。

ドーサン近辺では卓球の基本を教える人がいないので、ほとんどの人が自己流である。フォア打ちのときに膝を使って腰を回す人は皆無だし、ラリー中は届かないボールが来たとき以外は足を動かさない。疲れないものだから、平気で五時間も六時間も練習をする。私は、日本に根強い基本偏重、フォーム偏重に批判的な考えを持っているのだが、彼らを見ているとその信念が揺らいでくる。彼らは大きな立派な体をもち、まさに私の推奨どおりフォームなど気にせず自由にのびのびと〝実戦的な練習〟をやりたいだけやって、そしてその結果がこのザマなのだ。卓球は自然に上手くなどならないのだ。

ある大会に参加したとき、とても強い人が参加しているらしいという情報があった。会場に入ると一目でそれとわかる選手がいる。みんな突っ立って裸の大将みたいな格好でボールを打っている中に、ひとりだけ小刻みに足を動かして倉嶋洋介みたいな格好でドライブを打っている奴がいるのだから、わかるのも当り前である。ところが私の仲間たちにはそれがわからない。ふわふわと踊るような無駄の多いフォームの大男を指して「あいつかな」などと言ったりしている。ドライブやカットの知識があり、ワルドナーや朱世赫、江加良のプレーまで知っているのに、打ち方のポイントはわからないのだ。

泊りがけで遠征に行った先で、試合の前夜に卓球専門店の小さな大会に加わったのもよい思い出だ。この店では毎週金曜の夜、店の商品券をかけて楽しい大会を開いているのだ。卓球専門店といってもデパートの一画なので、参加者は一般客ばかりだ。この日は三十二人が参加し、当然私は優勝したのだが、試合が終わると一人のインド人がやってきて「お前が本気を出したのは最後の決勝だけと見たが、そのとおりだな?」などと聞いてくる（決勝の相手はクラブ仲間のウォレンだった）。異様な迫力だ。私が日本人だと知ると「一九五六年の東京大会で活躍したオギムラとタナカを知ってるか」と言うから驚くではないか。今どき日本人でもそんな話をする奴はいない。さらに「日本は昔は強かったが一九六〇年代からは中国に負けてばかりで、田中の後は世界チャンピオンはいないだろう」と言う。いつの話だ一体。私が「いるよ」と言うと「いつ、誰が優勝した?」と言うので「一九六七年ストックホルム大会の長谷川、一九六九年ミュンヘン大会の伊藤、一九七七年バーミンガム……」と続けるうちに急に彼は興味をなくして話を終わらせられた。どうも知識を自慢したかっただけのようだ。

これで終わりかと思っていると、今度は奥からジャージを着た選手が首を回したり跳ねたりしながら出てきた。彼に勝てばさらに賞金がもらえるのだという。なんだか強い奴が順番に出てくるハリウッド映画の主人公にでもなったような気持ちだ。ラリーをしてみるとなるほど本格的だ。「負けるかもしれない」と思うと急に緊張して胸がキュンとなる。一瞬「彼の面目を保つため勝たせてやった方がいいかな」という考えがよぎったが、経験上、実際に負けて勝ち誇っている相手を見ると腹が立ってくるのが常なので、誘惑を振り切って全力でやって勝った。

それにしても、アメリカ南部の町でインド人から荻村伊智朗と田中利明の話を吹っかけられるとは夢にも思わなかった。卓球マニア冥利《みょうり》に尽きる楽しい夜であった。

卓球クリニック

任期の三年はあっという間に過ぎた。帰任することになった二〇一〇年の春先、ピータースから久しぶりに卓球の誘いがあった。週末に彼の家の卓球場で泊りがけで「卓球クリニック」を開催したいので、その講師をやってくれないかというのだ。受講生は彼を含めた四人ほどで、謝礼も払うという。

そのちょっと前、ピータースが「来月から放射線治療に入るので卓球はもうできない」と言うので、最後のつもりで卓球をし、それから連絡をとっていなかったのだ。嬉しいことにそのピータースがまだ元気で、それればかりか、七十二歳にしてこの私から卓球を習いたいというのだ。どうしてこれを断れようか。謝礼など要らないと、喜んで引き受けたのだった。

土曜の昼頃ピータースの家に着くと、いつも彼が卓球を教えているという初心者の大学生二人がピータースと汗を流していた。前の晩から泊まっているという。アメリカでは卓球をする人が少ないので、やっている人はものすごく卓球が好きなのだ。

ピータースの家に行ったのはちょうど十年ぶりだったが、そのときの印象があまりに強烈なためぜんぜん久しぶりのような気がしない。むしろ「またここに来てしまったか」という気持ちになったことが自分でも可笑しかった。

あいかわらず、卓球場のテーブルにはラケットやラバーが所狭しと並べてあり、柱や壁には自分が載ったスポーツ新聞の記事などが自慢げにベタベタと貼ってあった。

何気なくそれらを眺めているとJota Itoという単語が目に飛び込んできた。なにっ？と思って読んでみると「ピータースは今でもハイレベルでプレーをしている。アラバマ州のトッププレーヤーの一人であるドーサンのJota Itoはブリュートンを訪れ、ピータースと八時間もプレーをして疲れて音を上げた」とある。ひゃー、自慢話のダシに使われてるーっ(笑)。しかもこの記事を書いた時点でもう七年も前の話だ。だいたいそのときだって私は『南アラバマ卓球クラブ』という名前と「メンバーは十七、八人いる」という話にだまされて、来てみたらこの家だったのだ。

私が騒いでいるとピータースは喜んで「じゃこれは見たか」と言って別の新聞記事を持ってきた。そこにはこう書いてあった。「土曜日、卓球クリニック開催　南アラバマ卓球クラブは、第一回の年度行事として、日本からの講師を招き卓球クリニックを開催します。興味のある方はお電話ください」新聞に広告出してる～っ（泣）。もちろん電話をしてくる者などいない。この辺りでは卓球をしている者は限られているし、みんなこのクラブの実態を知っているのだ。誰も来るわけがないのに広告を出して悦に入っているピータースを見ていると、滑稽を通り越してなんだか切なくなる。はりきって中学生を指導しに行き、誰も来なくて帰ってきた私を「見ていられない」と言った妻の気持ちがよくわかった。卓球は切ないスポーツなのだ。

大学生への指導はそれなりの効果があって楽しかったが、ピータースから指導を請われることはついになかった。「教えてほしい」というのはやはり口実だったようだ。それどころかピータースは試合中に自分のいいボールが入ると、試合を中断してみんなに解説するありさまだ。再現プレーまでしたりするもんだからもうカウントも何もわけがわからなくなる。さんざん解説したあげく、いつも最後には「で、カウントは?」と言うのだった。ホントに困った、愛すべき卓球ジジイである（アメリカ人だからもの珍しさでそう思うのであって、これが日本のクラブのジジイだったら腹に据えかねるだろう。くれぐれも真似をしないでもらいたい）。

結局、泊りがけで合計十九時間も卓球をしたので、翌日から全身がバキバキのヘロヘロであった。ところが二日後にはもうピータースから「また土曜に泊まりに来い」と誘いが来た。さらにその翌週もだ。どちらも断ったが、この人、本当に病気だったのだろうか。

先のピータースを紹介した新聞記事は、彼の次の言葉で結ばれていた。「卓球は子供の遊びですよ。でも、誰の中にも小さな子供がいるのです」〝いい話〟をしてご満悦のピータースが微笑ましい。

"It's open when you get here, and it's not closed until you want to leave," Peters said.

Peters still plays at a high level. Jota Ito of Dothan, one of the top players in Alabama, traveled to Brewton and spent eight hours playing against Peters before begging off because of fatigue

ラスベガスでの出会い

帰任する直前、アメリカ生活の記念にラスベガス観光に行ったのだが、そのついでにネットで見つけた『ラスベガス・テーブル・テニス』というクラブにも行った。一大観光地であるラスベガスにも、ちゃんと地元の卓球好きのためのクラブがあるところが嬉しい。

さっそくインド人っぽい青年と試合をし、3—1で勝った。ラスベガスで卓球をするという実績を作ったので、もう止めようかなと思って座って休んでいると、ひとりの老人が声をかけてきた。「マイ・ネーム・イズ・イトウ」と挨拶をすると、その老人は「おお、キミが世界チャンピオンのイトウか」と笑った。アメリカ人のくせに伊藤繁雄を知っているとはなかなかのマニアだ。

私が「一九六九年ミュンヘン大会ですね」と言って自分も詳しいことを示すと、彼は「その決勝、どういう内容だったか知ってるか」と私のマニア度を測るかのように聞いてきた。私はここぞとばかり「シェラーに0—2でリードされていて、三ゲーム目から別人のようになって逆転したんでしょう」と言った。田舛彦介著『卓球は血と魂だ』（卓球レポート編集部）の一節だ（さすがに「ゲームの合間にビタミン剤でも打ったのかと欧州勢から疑われるほど」という余計な描写は話がややこしくなるので割愛した）。すると彼はさらに詳しく「三ゲーム目の19―19からのシェラーの難しいボールを、イトウはそれまで攻撃していたのを丁寧につないだんだ。そのときシェラーの顔つきが変わり、そこから逆転したんだ」と言った。「よくそんなこと知ってますね」と感心すると、なんと彼はその試合を現場で見たと言う。よくドイツまで行ったものだと思っていると彼は「だって俺、試合に出てたんだもん」と続けた。

ななななな、なんと、アメリカの元代表選手だったのだ。私はすっかり興奮し「じゃあ、一九七一年名古屋大会でのピンポン外交のことを知ってますか」と聞くと「ああ、中国に試合しに行ったよ」と言うではないか。どひゃあああっ！　この人は歴史上の選手だったのだ。マニアではなくて本物だったのだっ！

ジャック・ハワード七十六歳（二〇一〇年当時）。中国とアメリカの国交正常化のきっかけとなった、今や歴史の教科書にも載ろうかという『ピンポン外交』、その事件の当事者がまさかラスベガスの卓球場でフラフラしていようとは。もう卓球をするどころではない。

「ぜひお話を聞かせてください」とお願いをしたのだった。

ここで聞いた話は、まさに珠玉のような話だった。なにしろこの人、伝説の日本最強選手・藤井則和対ディック・マイルズの試合を見たというのだから驚く。ホントかよ。ほとんど神話のような話である。さらに、スポンジラバーのサトー（佐藤博治）、一枚ラバーのトミタ（富田芳雄）が素晴らしかっただのと「古いにもほどがある」話の連続である。フクシマ（福島萬治）がシフのフィンガースピンサービスを難なく返し、逆にサービスエースを取ったという話も初めて聞いた。

私が狂喜していると、さらにエロールとレイという、ジャックより少し若そうな二人が現れて会話に加わった。後で調べると、どちらも元アメリカ代表選手だった。これではまるで、町の卓球場に行ったら古川敏明と田阪登紀夫と仲村渠功《なかんだかれ》がいたようなものではないか（有り得なくもないところが怖い）。

この二人、さすがに藤井対マイルズの話こそしなかったが、オギムラとタナカの四度にわたる世界チャンピオン争いや、〝荘則棟に三回勝ったタカハシ（高橋浩）〟の話など「お前ら、卓球レポート読んでただろ?」と言いたくなるような話をまくし立てた。

レイの語りは特に熱く、イトウとハセガワ（長谷川信彦）は全身の筋肉が物凄かったし、コーノ（河野満）の卓球はまるでプロフェッサー（教授）のようで「あんな卓球を見せられてどうしてファンにならないでいられる?」と語った。日本選手たちは中国選手より格好よく、アメリカの選手たちはみんな憧れていたのだと言う。

　昔の日本選手の偉大さについてはこれまでも見聞きしていたが、往々にしてそういう話には、卓球の進化を無視したようなたわ言や「今の選手は」という説教が混じるため、どうにも素直に受け取れなかった。そういうノイズの入らない純粋な賞賛を外から聞かされると印象はまったく違ったものになる。

　何の期待もせずに行ったラスベガスの卓球クラブだったが、意外にもそこで私が出会ったのは、昔の日本選手たちの偉大さであり、同胞として誇らしい気持ちにならずにはいられなかった。

若き日の荻村伊智朗は
アメリカのテレビに出て
ジャック・ハワード
うるうる
なんていい話なんだ
スマッシュを3球続けて
テレビカメラにブチ当てたそうな

第五章

たまには真面目な卓球論

中国人留学生

二〇〇六年のある日の日本経済新聞のスポーツ欄に「野球留学新事情」と題する特集記事が載っていた。「野球留学」とは甲子園を目指して遠方の高校に進学することを指すのだが、近年これが行き過ぎているとして、高野連が規制に乗り出したというのだ。記事では、駒大苫小牧高の田中投手と東北高のダルビッシュ投手がそれぞれ兵庫と大阪出身であることが例に出されていた。遠方から集められた選手は地元では「外国人部隊」と呼ばれ「郷土の誇りとして応援する気にはなりにくい」のだそうだ。

高校野球では比喩で使われる「外国人部隊」が文字どおりになってしまっているわが卓球界では、日本人の遠方入学などかえって頼もしいぐらいである。同じ現象でも比較することによってずいぶんと印象が違うものだ。

二〇〇五年インターハイのシングルスの記録を見ると、名前で判断するかぎりでは、男子に六名、女子に一〇名の中国人留学生が出場していた。男子も女子も留学生はベスト4

には絶対に二人しか入れないよう偏った組み合わせになっていた。驚いたことに、女子は三年連続でこういう組み合わせなのだ。特に二〇〇四年など、十三名の中国人留学生のうち、ベスト16に入れるのはたった四人だけという素晴らしい組み合わせだった。日本語が不自由とはいえ、こんな組み合わせにされた中国人留学生がよく文句を言わなかったものだ。これも「公正な組み合わせ会議」の結果なのだろうからしかたがあるまい。「公正」にもいろいろあるものだ。

中国人留学生がいることは、選手の刺激になり、卓球界の活性化にもつながるので大変よいことだと思う。誰に頼まれたわけでもないのに身銭を切って中国人を雇う学校があり、来てくれる選手がいるということは、彼らの動機はともあれ、卓球にとっては幸運なことである。もっとマイナーなスポーツや貧しい国だったらこうはいかない。

卓球ばかりしてきた中国人との勝負は公平ではないという意見もあるだろうが、卓球エリートではない普通の選手（つまりほとんどの選手）から見れば、中国人留学生も越境入学してくる日本の卓球エリート選手も同じようなものである。どこで線を引くかだけの違いだ。

日本に中国人留学生がいること自体はよい。しかし、彼らを擁しているのが、日本のトップレベルの選手を集めた有名私立高校であることには失望させられる。日本の英才を集めた学校が、中国人を練習相手にするならわかるが、試合に出して勝って何が面白いのか。そんなことは、指導力も伝統もない学校に町興しがてらやらせておけばよいではないか。彼らを打ち破る日本人選手を育てることにこそ本当の価値と卓球界への貢献があるのではないか。日本の卓球エリートたちは「卓球をとおした人間形成」とか「学生の本分」だとか眠たいこと言わず、卓球そのものを死ぬ気で頑張ってもらいたいというのが、一卓球ファンとしての率直かつ勝手な願いである。

最近では中国人留学生の活躍が目立つため、まるで日本中の私立高校が留学生を入れているかのような印象があったが、よくよく調べてみると、上宮、愛工大名電、東山、白鵬女子、四天王寺といった名門高校は少なくとも過去六年間、一人の留学生も入れていない。だからこそ名門なのだろう。心強い限りである。

このあたりの、学校の姿勢を鮮明にするために、いっそのこと現在の外国人留学生の人数制限のルール（チームには二名まで、団体戦は一試合に一回など）をすべて撤廃したらどうだろう。おそらくチーム全員が中国人留学生の学校が続出することだろう。そのほうがさっぱりしていいではないか。彼らを破る日本人選手が出てこなくては、どのみち日本の卓球の将来はないのだ。

　思いきって、中総体、カブ、バンビの部などの年齢制限もなくしてしまったらどうだ。もっと面白くなるぞ。とうに成人した中国人を小学校に入学させて全日本の「バンビの部」に出場させるクラブが出てくるかもしれない。小学校なら日本語も基礎から覚えられるのでちょうどいいではないか。高校に入るころには日本語も上手になって、ぜひとも試合の組み合わせについて大会本部席に怒鳴り込めるようになってほしいものである。

フォーム考

一九九六年頃、仕事で東京・目白台の日本女子大で講演会に参加したときのことだ。講演会が終わって、JR目白駅に向かう十五分ほどの道のりでそれは起こった。四十代後半ぐらいのその男性は、大勢の参加者たちと一緒に会場から出てきたらしいのだが、異常な早足だったのですぐに私の目をひいた。ところが早足だけではなく、どうも様子がおかしい。後ろ姿のわずかな動きが、卓球の素振りのように見えるのだ。まさか。卓球とは何の関係もない講演会の参加者がスーツ姿でしかも路上で歩きながら卓球の素振りなど、あるはずがないではないか。そう思っていると、男の動きは肘《ひじ》、肩としだいに大きくなり、ついには誰が見ても卓球の素振りになってしまった（しかもカットのフォアとバックの切り替え！）。男の素振りは歩くほどに熱を帯びていき、駅に着く頃には腰の回転から重心移動まで完璧に加わった素振りが、人ごみの中で繰り広げられるに至ったのだった。私は「そうか、そんなに卓球が好きか」という親近感と「あーっ、やめろバカ！」という恥ずかしさとが入り混じった気持ちになったのだった。

日本の卓球選手は昔から素振りが好きである。よいフォームがよいボールを保証するというフォーム重視の考え方があるためだ。よいフォームを身につけることが上達することだと思っているようでさえある。よいフォームとは、極論すれば試合に勝つフォームであるが、卓球はあまりに多様であり、そんなものは誰にもわからない。現実には、よいフォームを追い求めれば、成功した選手をなぞるか、フォーム自体の美しさや合理性を求めるぐらいしかない。

それでは世界の一流選手たちのフォームはどうだろうか。劉国梁はラケットヘッドが下がりすぎているし、クレアンガはフォームが

デカすぎる。サムソノフは奇妙に両足を揃えてサービスを出すし、ボルのスタンスはどうみても広すぎる。馬琳の飛びつきはとっちらかった格好だし、張怡寧はポンポンと飛び跳ねてバックドライブを打つ。彼らのフォームには、日本人が強い人のフォームに期待する、合理性、自然さ、美しさといったものが必ずしも備わってはいない。しかもそれぞれがバラバラである。思えば、中国は一九六〇年代に日本を破った当時からずっとそうであった。これは何を意味するのだろうか。

彼らは、フォームに対する考え方自体が日本人とは根本的に違うのではないか。彼らが意識しているのは、勝つために必要な打球そのものと、相手のボールへの対応能力だけなのではないか。それらの要求水準だけが明確にあり、フォームは練習を通じて選手が自然に身につけるものなのだ。だからみんなフォームがバラバラなのである（自然に身につかないような才能のない選手はハナから対象にしていないともいえる）。プレーに必要なフォームを逆算して考えることのできる人などどこの世にいまい。その意味では、彼らはフォームになど興味がないのである。

もしボルや張怡寧が日本に育っていたらどうだっただろうか。「ボル、そんなに足を広げたら股が裂けるからやめなさい」「張よ、そんなに飛び跳ねたら目線が上下して安定しないからやめなさい」と矯正され、現在の彼らはなかったかもしれない。クレアンガなどもってのほかで、とっくに円盤投げに転向させられていただろう。

日本の指導者が、彼らのような選手をフォームを矯正せずに指導することができるかどうかが日本復活のカギなのではないか。

初心者や卓球が苦手な人によく見られる、波打つような軌道の不安定きわまりないフォーム、一人時間差をしているかのような多段階フォーム、全身バラバラで逆モーションにしか見えない絶望的なフォームをそのままに、強烈な両ハンドドライブを連発するような選手が出てきたときこそ、日本の卓球が復活するときではないだろうか。そのときはその戦型を「絶望マン」とでも呼ぼう。全日本選手権に「ホープスの部」ならぬ「ホープレスの部」を設置してこれらの選手の発掘をしてはどうか（どういう大会かって？　知らん！）。もっとも、そんな打ち方をするほとんどの選手は才能の点で使いものにならないだろうが、かまうものか。リスクのないところに成功はないのだ。今こそ出よ「絶望マン」。

卓球は暗いスポーツか

一九八〇年代前半、タレントのタモリが卓球を「根暗のスポーツ」とお笑いのネタにしたことがきっかけで、日本卓球界は深刻なダメージを受けた。卓球と聞けば「暗いねえ」というのが初対面でもお約束のギャグとして言われた。教育実習に行った先で女子中学生から「先生はどうして卓球なんて暗いスポーツしているんですか」と理不尽なことを言われた仲間さえいたぐらいである。

卓球は本当に暗いのだろうか。こう書くと、卓球コラムニストなのだからきっと「明るい」と書く気なのだろうと思うだろうが、それでは逆モーションにならない。

卓球はどう考えても暗い。夏の天気のよい日に室内で窓を閉め切って暗幕を張るあたりからして、まず物理的に圧倒的に暗い。動きもせせこましい。小さいコートでせわしなく打球を行うのだから、スポーツに期待される大らかさ、爽やかさといったものが皆無だ。もしすべてのスポーツを明るい順に並べたら、確かに卓球は暗い方に位置するだろう。

だが……それがどうした？　そんなことはどうでもよいではないか。スポーツを明るいか暗いかという一つの指標で判断することが間違っているのである。チェスや将棋の名人を「黙って考え込んでばかりであの人暗いね」と批判する人はいない。卓球の持つ暗さは、それと同類の高度に複雑な知的ゲームの属性なのである。

そもそも卓球とはどういうスポーツなのだろうか。卓球を知らない人に説明するつもりであらためて考えてみよう。卓球競技のもっとも大きな特徴は、ボールの回転が致命的な威力を持つということだ。回転といっても、ボールが曲がることではない。よくテレビ番組などでボールが空中で曲がる様子がスローで紹介されたりするが、そんなものはすべての球技であることで、卓球だけの特徴ではない。そのほうが映像的に面白く、見せやすいというだけのことだ。

卓球のもっとも際立つ特徴は、相手のボールの回転によって、ラケットからボールが出る方向が激しく変化するということだ。相手のボールの回転の方向と量を知らなければ、ただの一球もまともに返すことができない特異な競技、それが卓球なのである。そしてこの特徴が卓球を単純な力比べ、速さ比べから遠ざけ、もう一つの特徴である多様性を作り出しているのだ。前陣速攻型、ドライブ型、カット型という、まったく違うスタイルが対等に戦っていることが卓球の多様性を象徴している。

ボールの回転の威力が絶大なため、卓球選手はラケットを複雑に動かして相手の目をごまかすことに心血を注ぐ。爽やかどころの話ではない。それどころか、真後ろを向いて体でインパクトを完全に隠して脇の下からボールを出す『ボディハイドサービス』が当たり前の時代さえあったのだ（現在は禁止）。ほとんど手品である。

さて、本当に恐ろしいのは実はここからだ。卓球には『粘着性ラバー』というものがある。材料に粘着性物質が練り込んであり、ボールがくっつくほどの途方もない摩擦力のラバーだ。一方、特殊な表面処理により回転がほとんどかからない『アンチスピンラバー』、さらに粒が異様に長く、同じ打ち方をしても相手のボールの回転が残って自然に違う回転がかかってしまう『粒高ラバー』というものまである。これら性質がまったく違う同色のラバーをラケットの両面に貼って（現在は禁止）、ラリー中にクルクルと反転する『異質反転型』などという戦型さえあるのだ。こんなもん、ラバーがわからなければ誰も返せないのだが、そのわずかな手がかりである打球音さえ、打球と同時に足を鳴らして消すのだから、まるで完全犯罪の詐欺である。明るいだの暗いだのとのんきなことを言っている場合ではない怖ろしい世界だ。

そして、このような回転のごまかし合いも、卓球の特徴ではあるが一要素にすぎない。こんなことをしながらも同時に、全身の筋肉と内臓を鍛え、〇・二秒の反応時間で二メートルも横にふっ飛びながら時速一〇〇キロ近いボールを打ち合い、胸が締めつけられるような心理戦を戦うという、何が何だかわからない複雑多様な球技、それが卓球というスポーツなのである。

もし誰かから「卓球って暗いよね」と言われたら、無理に「明るい」などと言う必要はない。「ああ卓球は暗い。恐ろしく複雑で多様で、その奥は深すぎて真っ暗だ。だから面白いんだよ」と答えればよいのだ。

カリスマ指導者たち

卓球王国二〇〇八年十二月号の、中国男子監督の劉国梁の話は凄かった。この男、いつの間にこんな凄い指導者になったのだろうか。北京五輪の男子団体のときのことだ。それまで先を争って前半に出たがっていた選手たちが、韓国との準決勝を前にしてわずかに態度を変化させたという。「どこに出てもいい」と言い出したというのだ。別に何の問題もなさそうだが、劉国梁にはこれが許せない。「どうして前半に出たいと言わない？なにか不安でもあるのか？」と王皓や馬琳を問いつめたというのだ。ほとんど言いがかりである。劉国梁はこの〝問題〟について、納得するまでコーチ陣や選手とミーティングを重ねたのだという。選手の内側に巣食ったほんのわずかな不安が増殖・伝搬し、取り返しのつかない結果につながる卓球競技の恐ろしさをこの男は知り抜いているのだ。我々が倒さなくてはならない相手はこんな男が率いるチームなのだ。しかも選手は王皓に馬琳、そして王励勤だ。いったい他のチームにどうしろというのだろうか。

その中国からシンガポールに移籍した、女子監督の劉国棟（劉国梁の実兄）の話はさらに凄かった。劉国棟は、実績のない馮天薇の気持ちを北京五輪に向けるため「今の君は何も持ってはいない。あるものはただ一年半という時間だけだ」「オリンピックは駆け抜けていく車だ。それは永遠に君のもとに停車してくれたりはしない。必死で走って、その車に追いつくしかないんだ」と説いたという。何という凄みのある言葉だろうか。一介の卓球指導者がどうしてこんなセリフを言えるのだ。何か特別な訓練でも受けたのだろうか。しかも劉国棟もやっぱり弟と同じでかなりエグい。腰と肩が痛くて我慢できないので治療したいという馮天薇に対して「そんな時間はない。君が我慢できる時には、誰も君に我慢しろとは言わないぞ」と妙な理屈をつけて治療を拒否。得点して声を出さないときは一球につき一万円の罰金。精神的肉体的に徹底的に追いつめられる練習のあまりの辛さに馮天薇は毎日泣いていたという。彼女が故障もせず気も狂わないですんだのは運がよかっただけとしか思えない。この世界では基本的人権など考えの外なのだ（それにしても合計三十万円以上も払ったという罰金はどこにいったのだろうか）。

中国には昔からこういう、強引な説得力で人を納得させてしまう伝統がある。荘則棟（一九六一年、一九六三年、一九六五年世界単三連覇）は山西省でコーチを始めたとき、一日に六、七時間練習していた選手たちに、いきなり二倍の練習量を課したという。「私たちはいつ寝るんですか」と驚く選手たちに荘則棟は「生きている時にずっと寝ていたら、あなたがた、死んだ時に何をするんですか」と言ったという。凄すぎて笑うしかないメチャクチャな強引さだが、この魅力はどうしたことだろう。素晴らしすぎる。

一方、この中国にもっとも肉薄している韓国は、中国のような〝言葉の妙技〟とは無縁だ。どこまでもストレートな力技である。たとえばカリスマ指導者、千栄石元会長の強化方針は「選手には良いものを食べさせて、良いホテルで休ませて、そして地獄の練習」だそうだ。工夫も何もない、そのまんまだ。このやみくもに猛烈な感じが中国とはまた別の魅力である。それにしても韓国卓球界、これまで死人を出したことはないのだろうか。

こうした世界のカリスマ指導者たちと対抗できる日本の指導者といえば、やはり故・荻村伊智朗だろう。一九六七年ストックホルム大会前の全日本でベスト4に入った河野満（一九七七年世界単優勝）は、その会場で荻村に呼びつけられ「優勝しなかったらストックホルムからは帰れない、そういう覚悟があるなら代表にする。今すぐにイエスと返事をしないなら代表にしない」と言われたそうだ。異様に高圧的だ。更にこれに自慢話が入るとカリスマ度はぶっちぎりで世界の頂点に達するのだが、それは控えておく。

もう一人は謎の指導者〝熱海の樋口先生〟だろう。高島規郎（一九七五年世界単三位）が初めて樋口を訪ねたとき、夜の十二時から三泊四日、一睡もせずに練習させられたあげく「体力がなくて使いものにならん」と言われたという。結局、高島はこの樋口マジックに導かれて世界の超一流選手にまで成長した。

言葉の力は大きい。二〇〇七年世界選手権ザグレブ大会の日本選手団のキャッチフレーズ〝勝ちに行く〟には泣きたくなったものだが、二〇〇九年世界選手権横浜大会ではウソでもいいからもう少し凄みのある言葉を使ってくれないものだろうか。

卓球の進化

二〇〇九年、全日本で齋藤清が通算百勝を記録した。百回勝つことがそんなに大変だろうかと思う人もいるかもしれないが、これは大変なことなのだ。全日本はトーナメントなので、スーパーシードから出場すると、優勝してもたったの六勝だ。十年連続優勝しても六十勝にしかならないのだ。そう考えれば、百勝がいかにとんでもない記録かわかるだろう。

その百勝目の試合をネットで見てあらためて感じたのは、卓球の進化だ。あまり言う人はいないが、一九八〇年代以降、世界の卓球技術でもっとも進化したのはブロックである。それは革命だった。

ヨーロッパがパワードライブ全盛だった一九八〇年代初頭、中国は世界中のパワードライブをその前陣ブロックでことごとく跳ね返して世界の頂点に君臨していた。中国人は特殊な反射神経をもっているのではないかと半ばあきれる人さえいたが、その秘密にいち早く気がついたのがスウェーデンだった。一九八二年、ナショナルチームのトーマス・バーナーとグレン・オーストは中国を訪れ、そこで見た練習にショックを受ける。中国選手たちは、コート全面にランダムに打ち込まれる全力ドライブをブロックする練習をしていたのだ。彼らがそれをできるのは「それを練習しているから」という単純な事実がそこにあった。

この練習がスウェーデンに持ち込まれたときのことをアペルグレンは『スウェーデン卓球最強の秘密』（ヤマト卓球）の中でこう語っている。「最初の一カ月は一本しか取れない。一本取って、次は『オッ、ワッ』とか言って手も出ない。でも五カ月後には四、五本取れるようになり、二年後には二十本取れるようになった」。問題は、最初の全然取れない段階をいかに確信をもって耐えるかだったのだ。

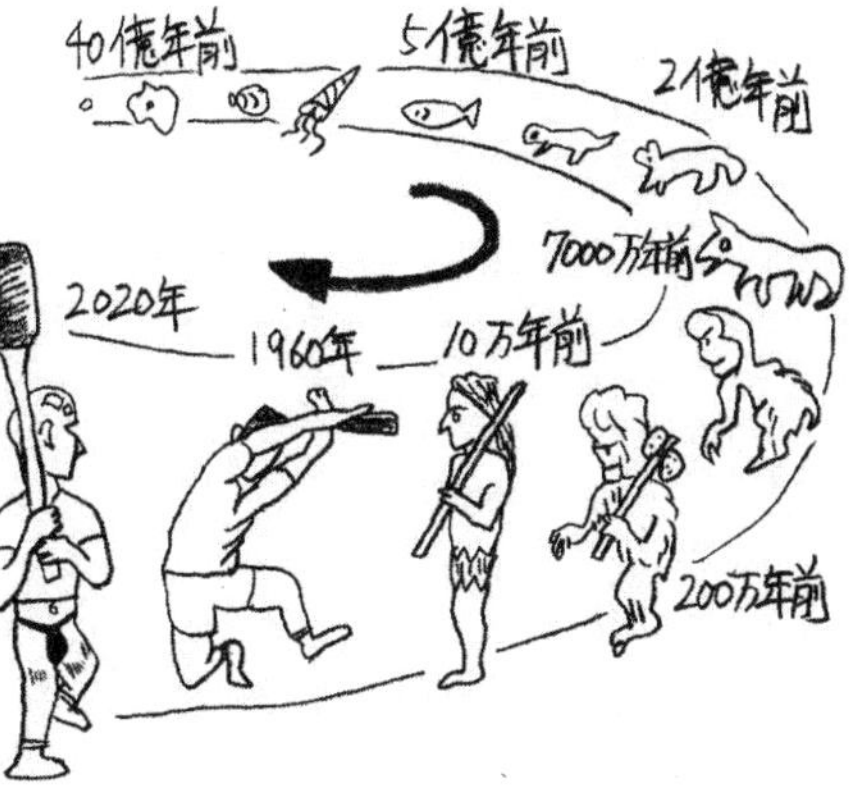

しかしこの技術が日本に浸透するのはかなり遅かった。思い出すのは一九九〇年の全日本選手権決勝の齋藤清と渡辺武弘の試合だ。二人ともペンドライブ型で、バックにドライブが来るたびに飛び上がって背中のゼッケンをひらつかせながらブロックをしていた。打球点を体の下方にずらさないとラケットの角度が出ないのだ。おたがいにブロックが苦手なので、打球点を落としてもフォアで回ってドライブを打った方が有利になる。かくしてますますグリップはフォア偏重になってブロックが難しくなるという悪循環であった。

これは齋藤や渡辺をおとしめているのではない。指導者も含めて、日本全体がそういう技術の時代だったのだ（齋藤清はそのスタイルで一九八九年アジアカップで優勝したのだから化け物なのだ）。実際、当時は私の後輩の戸田も、シェークなのにいつもオールフォアのフットワークばかり練習していたし、その練習相手の小林（ペン表）にいたっては「オールフォアの相手をショートで振り回す練習をしたい」と言って自分の練習のときまで引き続き戸田にフットワークをさせるという〝実戦的な練習〟（もちろん自分は動かずに）をして戸田の腰を抜かさせたほどだ。

高度に複雑なスポーツである卓球には、まだまだ未知の技術の隙間が残されている。かつてあまりの威力のために禁止されたフィンガースピンサービスのような強力な技術の開発が待たれる。高弾性アンチで全球スマッシュするとか、卓球台と同じ面積のラケットでのブロック主戦とか、発想の飛躍が必要だ。こう書くと、なんだか誰にでもチャンスがありそうな気がして喜ぶ人がいそうだが、そういうことではない。これはトップクラスの才能が、選手生命をかけてやらなくては意味がないのだ。中国の凄いところは、ペン裏面打法を思いついたことではなく、それをナショナルチームにやらせたことなのだ。劉国梁が登場したとき「あれなら俺もやってたよ」と言う人が私のまわりに続出したが、そんな失うものがない奴らが裏面だろうが馬面だろうが何を試したって当たり前であり、何の意味もない。

今、日本卓球界に問われているのは、水谷の練習時間を削ってウエイトトレーニングをさせてボディビルダーのような体にしてしまうとか、松平（どっちでもいい）に一本足打法をさせるとか、丹羽に長さ五十センチのラケットを使わせてみるという賭けができるかどうかなのだ。もちろん取り返しのつかない結果になる可能性は高い。その場合は潔く宮崎監督に責任をとってもらおう。私はごめんだ。

そのようなことを考えさせられた、齋藤清の百勝であった。

ある中国人指導者

あれは二〇〇二年の夏だった。私の母校である岩手県立水沢高校がインターハイでベスト16に入った。それまでどうしても県優勝できなかったのが、いきなり全国ランク入りだ。聞けば、OBが中国からコーチを雇ったという。そんな急に強くなる指導方法があるのだろうか。あるとすれば、いったい何が違うのか。これは絶対に確かめなくてはと思い、私は録音機を持って母校に向かったのだった。

OBから紹介されたのは閻立宗《イェン・リゾン》という二十二歳の小柄な若者だった。どう見てもただの高校生にしか見えない。こりゃたいした話は期待できないなと思ったが、そういう私も、何のあてもないのに「卓球雑誌に載せます」などと言ってインタビューしたのだからほとんど詐欺である（卓球王国で連載を始める二年も前なのだ）。

閻さんは遼寧省沈陽市生まれ。五歳で卓球を始め、十一歳の部で全中国一位、十六歳で全中国ジュニアで馬琳に勝ってベスト4。小便ちびるとんでもないレベルだ。十七歳のときに肘を故障して選手生活を断念した。その後三年かけて中級指導者の資格を取り、今回が初仕事となる。凄まじいのが、この中級指導者の養成課程だ。まず大前提として、カテゴリー別大会で全中国でベスト8以上の経験がないと取得資格がないという。これだけで日本の指導者はほとんどが門前払いだ。一日十二時間以上もの勉強で休日はほとんどなく、卓球の歴史や理論を徹底的に叩き込まれたという。特に戦術の勉強では、ビデオで見せられる試合について正しい戦術批評ができるようになるまで、膨大な時間が費やされたという。戦術批評に〝正解〟があるところが中国の恐ろしさだ。

　もう私の彼を見る目は畏敬《いけい》の念に変わっていた。

　閻さんが水高の練習を見たときの第一印象は〝基本がなってない〟ことだったという。その意味は意

外なものだった。「試合で同じところにボール来ない。同じところ練習、意味ない。足動く練習、基本」ワンコースの練習をすること自体が基本から外れているというのだ。中国では初心者のときから足を止めてする練習はなく、足を動かすことそのものが基本だという。「では中国ではこんなフォームの人も初めから動く練習をするのですか」と、私はわざと阿波踊りのような極端なフォームをして見せた。彼は笑いながら「同じよ。どんなフォームでも動いて入る、問題ない」と言った。「それでは、中国ではフォームは教えないのですか」その答えは驚くべきものだった。「フォーム教えない。理論も最近、あまりない。打球点と落点だけ、大事」彼らは初めからフォームのことなど眼中になかったのだ。どおりで中国代表選手たちのフォームがバラバラなわけだ（そもそもフォアハンドが阿波踊りになるような奴は指導の対象外ということなのかもしれない）。

しかしサービスはどうだろう？　サービスはフォームそのものが威力の一部だから、フォームの具体的な指導があるのではないか。「サービスは中国では誰も教えない。小さい頃から毎日一時間、二時間、練習」なんと明快かつ凄みのある話だろう。中国のサービス力は、理屈抜きの膨大な練習量によってのみ生まれるということをこの話は明確に示している。

彼がインタビューでもっとも強調したのは、実は精神面だった。少々体調が悪くても練習を休ませないし、練習中の私語は厳禁、トイレも休憩時間以外は絶対に行かせない（実際に小便を漏らさせた）。練習場を訪ねてきた友人に呼ばれて返事をした選手の頬を叩いたこともある。練習中に卓球以外のことを考えること自体が禁止なのだという。異常な厳しさだが、それは卓球に直結することだけであり、先輩への挨拶や練習中の声出しといった、無意味な厳しさとは無縁だ。そのためなのか、選手たちは闇さんを兄のように慕っている。

話はいっきに大きくなるが、一九七〇年代以降、同色異質反転、ボディハイドサービス、スピードグルーといった新技術はすべて他国で開発された。フォームや礼儀や〝人間育成〟を重視する日本の卓球人がそれらを考えつくことは不可能だったのだ（唯一の開発技術である王子サーブは当時邪道扱いされた）。本当に卓球で勝ちたいなら余計なことを考えず卓球そのものに集中するべきなのだ。そのようなことを強く思った取材（詐欺まがいの）であった。

闇さんは現在、近大福山高および実業団の原田鋼業で指導に当たっている。あの夏の終わりの、怪しいインタビュアーのことを覚えているだろうか。

史上最強は誰か

日本卓球界の史上最強は誰かということがたびたび話題になる。卓球マニアならではの楽しみの一つだ。「齋藤清に決まっている」と断定する人がいるかと思えば「いや、小野誠治だ」「河野満を知らないのか」と息巻く人がいたりして、実に収集がつかなくて楽しい。これというのも、そもそも何を議論しているのかはっきりしていないからなのだ。

強さの基準には次の三つがある。すなわち「実績実力」「相対実力」「絶対実力」だ。これら三つの基準を混同したまま議論をするからわけがわからなくなる。順を追って説明しよう。

まず「実績実力」だが、これはその時代にどれだけ飛び抜けた実績を残したかである。当然、比較は世界だから、この基準では、世界選手権で十二個の金メダルを獲った荻村伊智朗（一九五四年、一九五六年世界チャンピオン）が議論の余地なく史上最強である。これだけの成績を残した日本人は他にはいない。しかし荻村の才能や努力が他の時代の強者たちと比較して飛び抜けていたかとなると、それはないだろう。なぜなら荻村は、当時の日本国内ですら無敵というほどではなかったからだ。彼が世界で実績を残すことができたのは、攻撃卓球という新しい戦術と、スポンジラバーという用具の技術革新があったためだ。そのような技術革新の影響を除いて、同じような環境の下で、どれだけ飛び抜けて強かったかを比較するのが「相対実力」である。この基準での史上最強は間違いなく藤井則和である。藤井は一九四六年から全日本を四連覇し、翌年は大学の卒業試験での替え玉受験がバレて不出場、その翌年に五回目の優勝をしている。それだけではない。戦争で全日本がなかった一九四一年から一九四五年の間も断トツの強さだったというのだ。つまり藤井は、戦争と替え玉受験がなければ、実に全日本を十一連覇する実力を持っていたのだ。「相対実力」で藤井と比肩できる者はいない。

最後に上げるのが、時代を超えた直接対決を想定した「絶対実力」である。これは先の二つと違って客観的なデータに基づかないため、どんな主張も証明も否定もできず、だから議論が紛糾し、それ故もっとも楽しいものである。

この「絶対実力」の史上最強は水谷隼である。拍子抜けする人がいるかもしれないが、よく考えて欲しい。「私がより遠くを見ることができたのは、巨人たちの肩に乗っていたからです」というニュートンの台詞にもあるように、すべての学問や技術というのは先人たちの成果をスタート地点にすることで、より高度なレベルに達することができる。スポーツは先人の成果をそのままスタートラインにすることは容易ではないが、それでもやはり、戦術、技術、練習方法が進化しているため、絶対実力は変動をしながらも確実に向上している。そもそも、一九九〇年代前半までの日本のトップ選手たちは、打球点の遅さとブロック技術の未熟さによって中国やヨーロッパに延々と敗れてきたのだ。それだけ考えて見ても今の水谷の相手になるわけがない。だから史上最強は水谷で、その後には近年のトップ選手たちがそのまま続くというのが私の考えだ。

「水谷最強説」に納得しない人は多いだろう。自分より若い世代を認めたくないからだ。一九九〇年代に田﨑俊雄が活躍すれば河野満には遠く及ばないと言われ、一九八〇年代に齋藤清が活躍すれば長谷川信彦に劣ると言われ、その長谷川も荻村にコテンパンに言われ、さらに上の世代は藤井が最強だと真顔で言ったものだった（藤井なんて一枚ラバーなのだ！）。このままだと木ベラの鈴木貞雄（大正十二年初代日本チャンピオン）まで行ってしまうだろう。

こういう議論は一般の卓球ファンの特権だから、いくらしてもよい。何の問題もない。

しかし、現実のトップ選手たちの指導的立場にある者は、間違ってもこういうことを言ってはならない。指導で最も大切な「信用」を失うからだ。選手は黙って聞くだろう。しかし「昔の選手はこうだった話」は、現代に通用しないトンチンカンで苦笑するしかないようなものが多いのだ。選手の貴重な時間を与太話で無駄にしてはならない。

「昔の選手の方が強かった」という主張は、先人が流した血と汗と涙の成果である現代卓球の進化を無にする、それこそ冒涜《ぼうとく》的な行為である。水谷も吉田もそして我々も、意識はしていなくても、みんな卓球の巨人たちの肩の上に乗っているのだ。

チャンピオンの資質

水谷の発言が痛快である。二〇一一年全日本で五連覇を成し遂げた直後のインタビューで「できるだけ簡単に優勝したかった」と語ったのだ。なにかと弱腰な発言が多い日本の卓球選手の中にあって、これだけ堂々たる態度はなんとも頼もしい。吉田海偉が全日本で初優勝したときに「優勝、当たり前です」と語って以来の痛快さである。

謙虚な態度が美徳とされる日本では、こういう発言を傲慢だと眉をひそめる人もいるだろう。しかし私は逆に、全日本チャンピオンがそれくらいの気概がなくてどうするんだと思う。

よくトップ選手がインタビューなどで「自分は才能がないから努力するしかないと思った」などと言うことがあるが、こういうのは本当の意味で謙虚だとは思わない。卓球の才能がないというのはただそれだけのことだが、努力する能力は、卓球以外のすべてのことに通用する人間的な価値である。だから実は前述のような台詞は、謙虚をよそおった努力自慢なのであり、だから選手たちはとても気持ちよく語るのだ。いっそのこと「いやあ、まぐれまぐれ。テキトーにやったら勝っちゃったんで。つうか……あれ？　何の質問だっけ？」ってなぐらいの方がバカだと思われるので真の意味で謙虚だと思うのだがどうだろうか（なわけないか）。

冗談はさておき、日本代表になるなら、水谷や吉田のように、逃げ場のない発言をして自分を追い込んでいってほしい。「卓球だけの人と言われたくない」なんて眠たいこと言わず、吉田のように「趣味はないです。卓球しか考えてません」と言い切ってほしいものだ。それ以外に何があるというのだ。

水谷の発言に戻ろう。水谷は世界ランク七位（二〇一〇年二月当時）である。日本男子が世界のトップテンに入ったのが何年ぶりかご存知だろうか。一九八五年に齋藤清が十七位に落ちて以来、実に二十五年ぶりなのだ。一九九〇年代にいたってはきっちり十年間、二十位に入った選手さえ一人もいなかった（各年末時点）し、現在も水谷の次は吉田の三十一位である。水谷の強さがいかに飛び抜けているかわかるだろう。

卓球の世界ランクトップテンに入ることがどういうことなのかわかってもらうため、この二十五年間の各年末の世界ランク十位の選手を順に並べてみよう（同じ選手は省略）。

ワルドナー、パーソン、リンド、滕義、ロスコフ、馬文革、劉南奎、リ・グンサン、プリモラッツ、ジョニー・ファン、闇森、金擇洙、シュラガー、柳承敏、クレアンガ、陳衛星、ガオ・ニン、朱世爀、呉尚垠……いつ世界チャンピオンになってもおかしくない奴らばかりだ。こんな奴らが十位のところで番をしていたのだから、日本選手が近づくことができなかったのも当たり前である。

もしこいつらが全日本選手権に出たらどうなるだろう。もちろん簡単に勝つ。いや、勝たねばならない。柳承敏やサムソノフがやるであろうように水谷は絶対に簡単に勝たなければならないのだ。水谷が言っているのはそういうことである。

水谷が思い上がってるという意見も聞いた。バカ言っちゃいけない。水谷の頭の中にはもう世界チャンピオンになることしかない。そのために倒さなくてはならない絶望的に強い奴らがいるのだ。その恐ろしさを誰よりも知っているのは水谷自身である（正しくは水谷だけだ）。いわばエベレストの頂上を目前にして三百メートルの絶壁が立ちはだかっているようなものなのだ。これでどうやって思い上がるというのか。水谷が思い上がるとしたら、それは世界チャンピオンになってからしかない。

もっとも私は、チャンピオンになろうがなるまいが、卓球選手が傲慢な態度をとってもまったく気にならない。卓球という世にも過酷な競技を勝ち抜くためには、何でも自分の都合のよいように解釈し、嫌なことはすぐに忘れ（あるいは認識できない）、根拠のない自信を持つといった強烈な自己中心的性格こそが有利だろうと思うからだ。一九八八年ソウル五輪金メダリストの劉南奎は小さい頃、自分の思いどおりにならないと癇癪を起こしてたびたび気絶したという。流石《さすが》だ。これぐらいの奴でなくてはペンオールフォアで五輪優勝などできないのだ（ちょっと異常すぎるが）。卓球を極めようとしている人間をそこいらの自分の友達と同列に評価してはならない。

水谷は、世界チャンピオンになるためなら、犯罪とルール違反以外なら何をやってもよろしい。私が許可しよう。なんたって人類六十九億人の一番になるという、途方もない事をしようとしているのだから。

なぜ指導するのか

今も近所の中学生に卓球を教えてはいるのだが、十年ほど前は今よりもずっと熱心に近所の小中学生に卓球を教えていた。子供たちが上手になるのを見るのはなんとも言えない喜びだった。指導ビデオを何十巻も買い込み、新しい練習方法を考えたり道具を作ったりと、生活のかなりの時間をそれに費やした。

そのような喜びに浮かれながら、私は、自分がいったい何に喜びを感じているのか自問した。それは、他人から必要とされる喜びであり、子供たちを上達させることの達成感であった。

よく指導者が「子供たちが喜ぶ姿を見たいから指導をしている」などと語ることがある。これは嘘ではないが、正確ではない。正しくは〝自分のおかげで〟子供たちが喜ぶ姿を見たいのだ。単に子供たちが喜ぶ姿を見たいだけなら、他の指導者のおかげで喜んだり、他の競技やゲームをして喜ぶ姿でもよいはずである。だが実際には、相手チームの子供が勝って喜ぶ姿を見て嬉しがる指導者などいないだろう。

　子供たちのために卓球を教えると言っても、そもそもその子にとって卓球をするのがベストだという保証はない。他のスポーツの方が才能があったかもしれないし、それが野球やサッカーなら職業としてもその方が将来があるだろう。もっと言えば、現代の日本では、スポーツをするヒマがあったら勉強をした方がよいとさえ言えるのだ（だからどこの親も子に勉強をさせるのだ）。仮に卓球を大前提に考えたとしても、それなら自分より優秀な指導者を紹介した方が本人のためにはよいだろう。もちろん、そんなことをする指導者はいない。指導者が卓球を教えるのは、自分が卓球を教えたいからなのであり、それ以外に理由などないのだ。

　私もそうだが、ある種の人間にとって、指導を

することはえもいわれぬ快楽なのである。ほとんどの場合、選手より指導者の情熱の方が勝っているのはそのためだ。選手同士でも、相手が自分より下手だとわかるや〝教える権利がある〟とばかりに教え始める奴がいるし、あろうことか公共施設などで知らない人に教える人さえいるのだ（私も仕事で訪れた大学で卓球部を訪ね、長々と教えて「あのう、もういいでしょうか？」と言われたことがある／七二ページ参照）。相手にしてみれば通り魔か無差別テロに遭ったようなものだが、本人は親切のつもりだから始末に負えない。指導の快楽があまりにも強烈なため、正常な判断力を失っているのだ。

もっとも、快楽のために指導をすること自体は何の問題もない。問題はそれを自覚していないことなのだ。そのため、自分が奉仕をしているような気になり、相手に感謝や尊敬を要求するといった間違いが生じる。私費を投じていることも奉仕だと思いがちだが、そもそも自分の欲望のためにやっているのだから、金を使うぐらいは当たり前なのだ。「感謝の心を教える」などと称して、あろうことが自分に対して礼を尽くさせ、負けると「本人のため」と称して怒ったりする人もいる。現実問題として、自分に感謝しろなどという人間にロクな者はいないし、他人のために怒るなどという器用なマネのできる人はいない。おかしな理屈をつけず、卓球を教えさせていただいていることに感謝すべきだろう。

　このような指導者の現状を考えると、必然的に新しいビジネスが浮かび上がってくる。指導をしたい客に、思う存分に指導をさせる〝プロの初心者〟である。あるいは〝初心者のプロ〟というべきか。見るからにトンチンカンな打ち方でまるっきり入らない初心者が、客の指導によってたちまち入るようになり、感謝するというサービスだ。リアルな下手さとその後の上達という、矛盾した高度な技術と演技力が求められる。多少のギャンブル的な要素も取り入れ、ジョーカーとして、いくら教えても全然上手くならない「本物」を混ぜておくことも必要だろう。卓球しかとりえがないのになぜか人間教育までしたがる指導者も多いので、何時間でも好きなだけ説教を聞いてもらえる有料オプションも用意する。指導に熱が入ってくると当然、殴りたくなるので、体罰ＯＫコースも完備しておけば言うことなしだ。

　以上は、あくまでアマチュアの指導者についての話であって、プロの指導者は違う。生徒はお金を払っているので嫌なら遠慮なく止められるし、指導者も、客観的に自分の価値を確認できるから、客に感謝こそすれ、威張り散らすことは少ない。

　卓球の指導においても、まさに「タダより高いものはない」のである。

卓球選手の運動能力

卓球王国編集部の仲介で、シチズン卓球部（日本リーグ1部の強豪チーム）の方々と会食をさせていただいたことがある。来てくれたのは、並木佑介氏、田中満雄氏、森田侑樹氏、久保田隆三氏の四選手だ。意外にも彼らは私のコラムの熱心な読者であり、ちょっとしたマニアなのであった。経験上、私のコラムに反応するような理屈好きに卓球が上手な人は少ないため（失礼だが本当なのだ）、嬉しい驚きであった。

彼らと会うにあたってぜひとも聞いてみたいと思っていたのは、彼らの運動神経だ。現代の日本の中学校では、卓球部に入る人は必ずしも運動が得意な人ばかりではない。いや、はっきりと苦手な人が多いだろう。かくいう私も卓球以外のスポーツで他人より活躍したことと言えば、ドッヂボールで見ていない方向に投げるのと、体育の授業のプールでの鬼ごっこで隅に潜ってじっとしていて最後の一人に残ったことぐらいである（スポーツか？）。同僚の卓球部員たちを見まわしてみても、体育の時間に目立つような人はほとんどいなかった。

卓球の一流選手でさえも、インタビューなどで自分の運動神経がよくないと語ることがある。一九六七年世界チャンピオンの故長谷川信彦も、中二のときに百メートル走が一八秒〇三でビリに近かったことをもって、いかに自分の運動神経が鈍かったかを語っていた。それを努力でカバーしたというのだ。しかし百メートル走は遅くても、反射神経がよかったとか器用だったとか、何か優れた身体能力があったのではないだろうか。何も素質がなくて努力だけで世界一になったというのはどうにも納得しにくい。そのような疑問を私は常々持っていたので、彼らに本当のところを聞いてみたかったのだ。

私は、焼肉を食いたくてはやる彼らの箸を止め、しつこくその点を問いただした。しかし、自分の運動神経がよいなどということは彼らも言いづらいらしく、なかなかストレートな答えが返ってこない。「謙遜をしないで正直に言ってほしい」とお願いすると、やっと重い口を開いてくれた。

その結果、並木氏、田中氏、森田氏は運動神経が抜群であるということがわかった。並木氏は、「府ロク」という全国レベルのサッカーチームのコーチからスカウトされたことがあるというし、森田氏は小学六年まで全国レベルのバレーボールチームに所属。田中氏はサッカーで市の選抜選手になっていたという。つまり彼らはいずれも、数校に一人いるかどうかという逸材なのであり、プールの隅に潜っているようなタコとはモノが違うのだ。

問題は久保田氏だ。足は遅くバネもなく、中学の体育の成績はあろうことか２か３だったという。だが久保田氏によればそれは、体育の先生が筋力だけを評価したからで、彼には異常な巧緻性があるのだという。たとえばビリヤードは恐ろしく得意だし、ダーツではなんと三回連続真ん中に入れたことがあるというから、その常軌を逸した器用さがわかるだろう。「肘から先の動きは任しといてくれ」ということらしい（ここで今野編集長が「僕もそれは得意なんだけど」と言ったが何の意味もないので無視させてもらった）。ボーリングの最高スコアを聞いてみると、並木１７７、田中２３３、森田２３０、久保田１４５だそうだ。ボーリングは誰でも適度にやったことがあり、なおかつスコアを比較できるので、私はこういう場合によく参考にするのだ。ちなみに私は１４３だ。誰も聞いてないが。

結局私の予想どおり、四人とも只者ではなかったわけだが、その能力は多様なものであった。これは、卓球という競技に必要な能力が多様であることを示している。百メートル走に必要な能力は足が速いことと反射神経だけだが、ハードル走にはこれにジャンプ力が加わる。サッカーはさらに複雑だ。卓球はその複雑さの極北に位置するスポーツなのだ。

足が遅くても反射神経がよければチャンスがあるし、手先が器用なだけでもやりようがあるし、粒高やアンチに活路を見出す方向もある。それでも勝てないなら年齢詐称やサラダ油……おっと失礼。

そんなこんなで、シチズンのメンバーにとっては、妙なことをしつこく聞かれる飲み会だったことだろう。後半には、なぜだか私が立ち上がってチキータを披露するにいたったが、写真を見るとどう見てもタコ踊りである（タコだけに）。この醜態を見逃さず、すかさず携帯で撮影をした並木くんの反射神経は、さすがに一流選手のそれであった。今後も精進してほしいものだ。

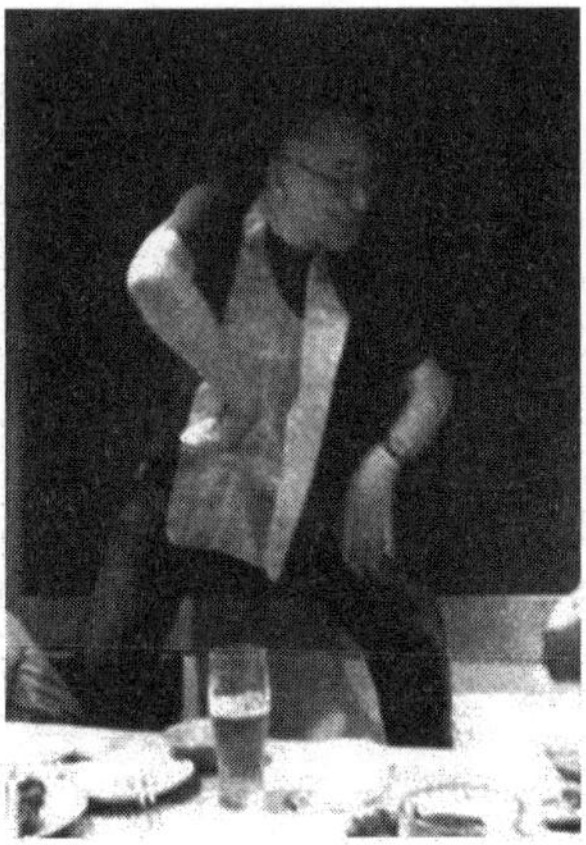

卓球を見る眼

二〇一三年五月のパリでの世界選手権のとき、卓球王国取材班に同行した星野美香さん（全日本選手権七回優勝、ソウル五輪複ベスト４）とヤマト卓球の仲村錦治郎さん（バルセロナ五輪出場、大正大学、グランプリで活躍）と卓球談義をする機会があり、興味深い話を聞くことができた。

面白かったのは、ボールの回転を見る眼の話だ。仲村さんはボールの回転がまったくわからないのだそうだ。だからサービスが上手な相手との試合では「さっきは下だったから次はナックルだろう」というギャンブル的予想をするしかなく、ほとんど点を取ることができなかったという。レシーブを強化しようと、フリックやストップなどのいわゆる〝台上処理〟の練習をたくさんしたので、他人からはレシーブが上手いと言われることもあったが、それは回転が見えた場合に上手くできるということであって、根本的に回転が見えていないので、レシーブはずっと苦手だったという。

仲村さんによると、実は一流選手でも回転が見えている人は希《まれ》だという。回転が見えている選手はリスクを冒さず弱いタッチでボールを入れられるが、見えていない選手はそれができず、リスクを冒して強く打つからそれがわかるのだそうだ。今のトップクラスだと、水谷とサムソノフは回転が見えているという。意外にも、ワルドナーも回転は見えていないタイプで、だからサービスの達人である劉国梁に分《ぶ》が悪かったのだという。実際、仲村さんのサービスもワルドナーにはよく効いたそうだ（そのかわり、ワルドナーのサービスは上下どころか左右すらわからず地獄を見たそうな）。

回転が見えるかどうかは練習で身につくものではなく天性のものだという。となると、弱い選手の中に、回転だけは見える選手がいる可能性が出

てくる。そう思って聞いてみると、なんと実際にいるらしい。仲村さんが講習会で高校などに行って試合をすると、ときどき仲村さんのサービスを完全に見切ってレシーブしてくる選手がいるという。感心して指導者に「彼は強いでしょう」と聞くと全然レギュラー外だったりするのだそうだ。なんとも興味深い話である。

一緒に話を聞いていた星野美香さんが「意味わからない。回転わからなくてどうやってレシーブするの?」と言った。……さすが元女王である。

もうひとつ面白かったのが、石川佳純と対戦したチェコのシュトルビコバの話だ。仲村さんによると、女子であのボールタッチは天才的で、中国にもあんな逸材はいないという。一緒に見ていた松下浩二さんも同じことを言っていたそうだ。しかし彼女は勝つことよりも楽しさを優先し、必ずプレーに遊びを入れるので結局は勝てないのだという。仲村さんは自分もそうだったからよくわかるのだそうだ。

これには驚いた。実は石川の試合中、私の隣で星野さんがまったく同じことを言っていたのだ。「あんな天才見たことない。遊ばないでやったら石川さんに勝ち目ないよ。でも彼女は絶対に遊ぶ。遊ばないで試合をすることができないのね。(仲村)錦ちゃんと同じだよ」と言っていたのだ(実際、シュトルビコバは2−4で石川に敗れた)。

私はそんなこと見ていてまったくわからなかった。一流は一流を知るのだ。「一般の人にはわからないようですけど、我々からしたら明らかです」と仲村さんは語った（私は一般の人なのか……）。

最終日の閉会式が終わった後、私は誰もいないのをいいことにコートに入り、松平健太になったつもりで素振りをしてみた。それを見た星野さんが「あ、条太さん、あんまり卓球上手じゃないってわかっちゃった♪」と笑顔で言った。ガーン。女王様……。

星野さんによれば、私の素振りは「インパクトが見えない」そうだ。上手な人の素振りは、どこでボールを打っているのか見えるのだという（このアマァ〜）。

悔しいので編集部のみんなで星野さんの前で素振りをして、実力を当てられるかどうか試してやろうと思ったが、あんまりハズれても気まずいし、かといって星野さんを基準にされて「全員ヘタ」と断定する荒業を見舞われて立ち直れなくなるのも困るから、やらない方が良いのだろうな、やっぱり。

ちなみに女王様は眼ばかりか耳も異様によい。試合会場の騒音の中で離れた席の人たちの小声の会話や、三メートル前を歩いている人たちの会話が聞こえるのだ。特に「星野」という単語には異常な聴覚を示す。卓球の強さとの関係は……たぶんない。

第六章

卓球映像評論

映画『きらめきの季節《とき》』

ネットオークションで『きらめきの季節《とき》』という映画のビデオを手に入れた。この映画のことはかすかに聞いたことがある程度で、ほとんどどうでもよかったのだが、安かったので買ってみた。これが思わぬ掘り出し物だった。

パッケージは背が日焼けして色が薄くなっていて、カセットにはレンタルビデオ屋のシールが貼ってある。再生してみると、映像はすこぶるきれいだ。「さては誰も借りてないな」と悔しいような得したような気になる。原作は若桜木虔の小説『白球を叩け!』(集英社)で、映画の公開は一九八〇年。

冒頭でいきなり長谷川信彦と河野満の模範試合が出てきて興奮する。この時期の二人のプレーをこれほどの画質で収めた映像があったとは。河野の肩書きが「前世界チャンピオン」となっているのが感慨深い。もうこれだけで大満足である。

主人公は四国・松本に住む鮎沢久美子という少女だ。久美子は心臓病のために、激しい運動はできないのだが、卓球への情熱は人一倍。ある日、町の卓球場で偶然出会った指導者・峰岸を慕って、峰岸が教師をしている東京の名門・明和女子高に進学する。この指導者をあおい輝彦が演じているのだが、こいつ、かなりのセクハラコーチである。指導と称して久美子の腕だけではなく、腰や膝、腹まで触るのだ。加えて、当時のファッションなのか、素肌に着たワイシャツのボタンを上から三つも外して胸をはだけているセクシーさだ（職員室でもなのだ！）。どうやらジャージも素肌に直接着ているようである。これでは久美子が峰岸にけしからぬ気持ちを抱くのもやむを得まい。

明和女子高に入った久美子は、そこで先輩から陰湿ないじめを受けたり、病気が悪くなったり、ヤケになってディスコに行って不良に強姦《ごうかん》されそうになったり（！）、峰岸の婚約を聞いてショックを受けたりと、さまざまな困難に次から次へと襲われる。「映画のシナリオは障害物競走だ」と言ったのは映画監督の伊丹十三だが、まさにその基本どおりの映画である。中でも強烈なのが、情に厚く気の短い久美子の兄だ。いつでもランニングシャツにゾウリ履きで、久美子の病気を心配して、勤め先の運送会社のトラックで四国から東京にまで乗りつけて（！）久美子をどやしつけたりぶん殴ったりの大騒ぎだ。この過剰なまでのうっとうしさが人間ドラマに厚みをもたせている（厚すぎだ）。

さて、卓球をしている人なら誰しも気になるのが、登場人物の卓球の腕前だろう。久美子を演じる一ノ瀬康子は当時のアイドルで、テレビドラマや映画にいくつか出演しているが、現在ＤＶＤで入手できるものとしては、大場久美子主演の二時間ドラマ『濡れた心～レズビアン殺人事件～』（一九八一年）のみのようである。まあ、そういうことだ。一ノ瀬は卓球は未経験らしく、この映画のために初めて卓球の練習をしたと思われる（「卓球指導・山中教子」とあるのも嬉しい）。初めのうちは映画の中でも初心者という役どころなので違和感がないのだが、だんだんと話が進むにつれて辛くなってくる。映画の中では、久美子は全日本チャンピオンになるほどの素質があり、高校でどんどん上達して、しまいにはインターハイの団体決勝のラストで試合をするのだが、そのシーンを見ていると、どうしてもその設定を忘れてしまうのだ。フォアハンドは腕を高々と頭上に振り上げる無駄の多いフォームで、フラフラと前後に無意味な激しいフットワークをして、試合中に倒れたりする。倒れるのは心臓病のためという設定なのだが、病気がなくても倒れそうな卓球である。

私は卓球の映画となると、卓球への情熱と知識が邪魔をして普通に見ることができない。だからこの映画がいったい面白いのか面白くないのかさっぱりわからないのだ。ただはっきりしているのは、この映画には、当時のユニフォーム、暗緑色の卓球台、ひなびた町の卓球場といった、一九七〇年代末の日本の卓球の風景が、インターハイの実写とともに確かに刻まれているということである。それはまるで、タイムカプセルから出てきた自分の高校時代の映像のような、少し恥ずかしくも懐かしい風景であった。

韓流ドラマ『冬ソナ』と卓球

昨今の韓流ブームの火付け役となったテレビドラマ『冬のソナタ』をご存知だろうか。初恋をテーマにした美しくも悲しい物語である。

『冬ソナ』と卓球。一見まったく関係がないように見えるが、実は共通点がある。日本のおばさんに大人気であること、韓国の凄さを示していることの二つだ。おばさん人気は置いておくとして、韓国の凄さという点で『冬ソナ』と卓球の関係について語ってみたい。

『冬ソナ』は、ドラマのスタイルとしては、目新しい手法などいっさいなく、日本の一九七〇年代のドラマや少女マンガなどでやりつくされた要素ばかりで構成されている。ドラマを盛り上げるため、主人公たちは不思議なくらいに事故や病気になるし、主要人物どうしがいたるところで偶然に鉢合わせするし、なにかと秘密が多いし、そのくせ重要な話はことごとく部屋の外から立ち聞きされる（どうしてそんなに声が通るのか）。

これだけ書けば、なんとバカバカしいドラマなことかと思うだろう。ところが恐ろしく面白いのである。それは、形式は定型でありながら、ひとつひとつの質がとんでもなく高いからなのである。そもそも監督のユン・ソクホは「ドラマ表現の新たな領域を開拓しよう」などとは思っていない。ただ、人間なら誰にでもある初恋の切なさ、過去への郷愁といった感情を表現することに異常なまでの執念を持ち、作品の細部にわたって質を究極に高めているからなのだ。その結果、他のクリエーターが決して真似できない高みに『冬ソナ』は達しているのである。

一方で韓国の卓球はどうだろう。最近は朱世爀や呉尚垠といったカットやシェークの選手もいるが、韓国を代表する選手といえばやはり、劉南奎、金擇洙、柳承敏といった日本式ペンホルダードライブ型の選手達である。中国のように裏面を導入するでもない、シェークで両ハンドを振るでもない、粒高やアンチを貼るわけでもない、ただただ殺人的な練習量で何千万回もフォアハンドドライブを振ってコートの何倍もの面積を動き回り、目を疑うようなオールフォアの卓球を身につけてしまった選手たちである。これは、考え方自体は、日本の一九七〇年代の卓球そのままで、ただその質が途方もなく高いだけである。それだけであるが、そんなもの他の国が真似しようにもできないことは言うまでもない（死人が出る）。

両者に共通するのは、いずれも一九七〇年代の日本を手本とする定型の中で「面白さ」と「強さ」という明確な目的に向かって突き進む異常なパワーである。毎週月曜、火曜と二回分の放送があり、それを水曜から日曜までの五日間で徹夜の連続で撮影していたという『冬ソナ』と、中学時代、朝は六時から夜は一時まで毎日練習していたという柳承敏がダブる。なんという人たちなのだろうか。

とはいえ、『冬ソナ』のドラマそのものと卓球は、当然ながらまったく接点がない。卓球の夕の字も出てきはしない。私はドラマに熱中しながらも、ときどき登場人物に卓球選手を重ね合わせる努力を怠らなかった。ともに愛する「卓球」と『冬ソナ』が同じ韓国という舞台で展開されている以上、それらを統合したイメージを得たいという無意味な欲求に駆られたためだ。自分の友達どうしを仲良くさせたいような気持ちとでも言おうか。

まず、主人公ペ・ヨンジュンの役に劉南奎を重ねてみる。ダメだ。どう見てもムショ帰りのチンピラにしか見えないし、歩かせでもしたら膝のバネがただものではないことを主張し、ストーリーがあらぬ方向に展開してしまう。金擇洙はどうか。ダメだ。演技以前に大腿筋《だいたいきん》がスゴすぎて、そもそも普通のズボンを穿くことさえできない（目つきもイッてる）。『冬ソナ』に彼の出番はない。

逆にペ・ヨンジュンが卓球をしているところを想像してみる。ダメだ。卓球に必要な俊敏性、全身のバネ、ボールを追う執念といったものが何一つ感じられない。構えからして素人まる出しだ（素人だからな）。卓球用品のカタログのモデルのようだ。敗者審判も務まるまい。

ということで私の無意味な野望は完全に失敗に終わったのだった。『冬ソナ』と卓球。今後も出合うことはないだろうが、それぞれ別の世界でがんばっていってほしいものである。

映画『ピンポン』

二〇〇二年夏のある暑い日、私は休暇をとって映画館に向かった。公開中の映画『ピンポン』を見るためだ。なにしろ豪華スタッフによる卓球がテーマの映画である。冷静になど見ていられない。卓球はどのように描かれているのか、一般人の目に卓球はどう映るのか、そう考えると、まるで自分がこの映画を作ったような気になって緊張してしまうのだから、ほとんど病気である。

見始めると、卓球を知っているがゆえに細かいところが気になる。ペコのグリップの削りと汚れが足りないとか、インパクトのラケットの角度がおかしいとか、カットボールなのに前進回転がかかってるとか、部員の学生服姿が多すぎるとか（卓球部員は朝から晩までジャージだ）、誰も「サッ」って言ってないとか（無理もないが）、ストーリーに関係のないどうでもよいことばかりに目が行き、なかなか入り込めない。いっそ、卓球のことなどすべて忘れてこの映画を見たい、などと本末転倒なことを考える始末である。

一方で、卓球を知っているからこそ楽しめる部分もあった。練習前のグルーイング、部員たちのピンポン球野球、町のひなびた卓球場の外観とその内部の雑然とした様子など、細かいところが本当によく描かれていた（現場にあったブルーの卓球台をすべて暗緑色のものに入れ替えさせたという）。役者たちのサービス・レシーブの構えはほぼ完璧で、よく映画のためだけにあそこまで仕上げたものだと感激した。ただ、もっとも強いはずのドラゴンのフォームがもっとも悪く（ひどい手打ち）、逆にもっとも弱いアクマのフォームが素晴らしかったところが、映画内世界を微妙にねじれさせた。これは仕方があるまい。見事だったのは試合会場での海王学園の描き方だ。強豪校がかもしだす異様な迫力を完璧に視覚化していた。頭蓋骨が透けるほどの坊主頭に、練習のしすぎで老けたツラ（そんなこ

とがあるかどうか知らんが）、こういったところが実によく描かれていた。なお、スポーツマンガによくあるキャラクターとして「対外試合は厳禁じゃけえのう」などと広島弁を使うヤツがいたが、標準語の中で二年間もひとりで広島弁を使い通す神経の太さはただごとではない。歩き方まで豪胆なのが可笑しかった。

そんな余計なことばかり考えながら見ていたのだが、エンドロールでテーマ曲のイントロを聴く頃には、月並みだが、言葉に表せない感動で席を立てなくなっていた。ただ、自分でも何に感動しているのかわからなかった。それが何なのかわかったのは、ＤＶＤを買って何度か見て、余計なことが気にならなくなってからである。

私が感動していたのは、意外にも卓球に関係のない部分であった。部活をサボって明るい午後の電車に揺られて出かけるペコとスマイル、海岸でブラつきながらそれぞれの卓球への想いを語る二人、秋の夜の街をどこまでもどこまでも走り続けるスマイル、これらのシーンに、スーパーカー、サトル、シュガープラントの、電子的でありながら郷愁を喚起する魔法のような音楽が重なると、なんともいえない胸が締めつけられるような気持ちになるのである。ここに描かれているのは、通常のスポ根マンガにあるような、スポーツへの熱中や努力や友情の素晴らしさではない。むしろそれらとは対極にある、それらを信じることのできない不安、何にも熱中することのできない虚しさ、どこかにある青春の出口を探す焦燥感、そして才能というものの美しいまでの冷酷さである。そのようなスポーツを超えた普遍的なものを描き得たからこそ、この映画は〝青春映画の最高傑作〟と呼ばれるのである。

もちろん実際に卓球に青春を懸ける少年たちにはそんなことを考える余裕はない。彼らは電車で出かけたり砂浜をふらつく世界と決別して、一年中、蛍光灯の下でボールを追う。頭にあるのは、どうしたら勝てるのかと、ハードな練習に耐えることだけだ。そのような選手だけが頂点を狙うことを許される。ペコやスマイルにチャンスはない。これもまた才能論とは別のスポーツの厳しさである。あらためてその思いを強くした映画『ピンポン』であった。

それにしても曽利監督は、バタフライジョー役の竹中直人に、どうしてあんなコミカルな演技をさせたのだろうか。監督は最後までこの映画の力を信じることができなかったのではないか。それだけが残念である。

映画『卓球温泉』

卓球に関する映画については、これまで『きらめきの季節』『ピンポン』と取り上げてきた。しかし『卓球温泉』だけは取り上げるつもりはなかった。公開当時の記憶で、なんとも不愉快な映画だという印象があったからだ。ところが先日、テープからDVDにダビングするついでに見直して驚いた。面白かったのだ。本当に面白かった。今まで面白くないと思っていたことを監督の山川元に謝りたい。

映画の公開は一九九八年で、当時、創刊間もない本誌（卓球王国）にも主演の松坂慶子のインタビューが載った。名作『Ｓｈａｌｌ ｗｅ ダンス?』と同じ製作スタッフということもあって期待が大きかった分だけ、私の落胆は大きかった。後述するが、今考えると、面白くないと思った原因は私の卓球映画を見る特殊な姿勢にあったのだった。

簡単にストーリーを紹介する。イメージしやすいように登場人物は俳優名で書く。

夫と息子の世話をするだけの毎日に生きがいを見失っていた松坂慶子は、ある日、ラジオのパーソナリティーの牧瀬里穂の無責任な勧めで家出をしてしまう。特にあてもなく車を走らせて着いたのが、山奥の温泉町だった。そこでは住人たちが町興しのために知恵を絞っていた。町になじんだ松坂慶子は卓球大会を開くことを提案する。町の青年・山中聡が中心となって大会は盛大に開催され、そこに山中聡の幼馴染《おさななじみ》で想いをよせ合っている牧瀬里穂がラジオ局の実況部隊を連れてきて、さらに松坂慶子を探していた夫の蟹江敬三と息子の窪塚洋介（無名時代）が駆けつけて試合に参加し……という話だ。

こういう話にありがちな都合の良い偶然も不自然にならないように上手く脚本が練られており、随所に見られるほのぼのとしたユーモアもツボを得たもので、何度となく頬がほころんだ。ひなびた温泉町や卓球場の郷愁も見事に表現されている。何より、出演者の演技が確かで安心して見ていられるのがいい。蟹江敬三、大杉漣、ベンガルといった味のあるベテラン勢がしっかりと脇を固めているのだから当然だ。映画が面白いためか、牧瀬里穂がやたらと可愛く見えて困った（困ることもないんだが）。

問題は、主人公の松坂慶子だ。演技のことではない。この人物の卓球に対する不自然な情熱がどうにも不愉快なのだ。それが、当時私がこの映画を好きになれなかった理由だ。

松坂慶子は平凡な主婦で、ラジオ番組に愚にもつかない人生相談をするほど自信がなさそうな女性なのに、なぜだか卓球をする段になると、ろくに親しくもない山中聡に対して「相手が返せないようなボールを打ってはいけません」などとすっ頓狂《とんきょう》な説教を始める。さらに、卓球での町興しに難色を示す町内会の人たちに対して、卓球の素晴らしさについてとうとうと講釈をたれるのだ。何なのだこの女は。昔、卓球雑誌の副編集長をしていたとでもいうのならわかるが、卓球と関わりなく生きてきた主婦のどこにこんなことをする動機があるのだ。しかもその台詞が「卓球はイギリスで生まれた立派なスポーツ」「ヨーロッパではプロもいるそうです」といった、殴りたくなるような浅はかな欧米崇拝なのだから腹が立つ。こんなことを言うから卓球がよけいバカにされるのだ。もちろん「卓球なんてダサい」という町内の人たちにも、これはこれで腹が立つ。要するに当時の私はこのテーマになると、あまりに激しい情熱のため、登場人物の言うことを真に受けて激高してしまい、映画どころではなくなるのだった。

加えて山中聡の卓球がいけない。下手なのではない。逆だ。本格的すぎるのだ。顔を突き出してボールを見すぎるほど見るフォーム、サービスからの小刻みなフットワークでのシャドープレーなど、温泉卓球にあるまじきリアルさであり、まるで、空気を読めない卓球人のクソ真面目さを見せつけられているような気になる。

奇妙かつ浅はかに卓球をアピールする松坂慶子と場違いな本格的卓球をする山中聡の姿は、そのまま、ときどき行き過ぎてしまう私自身の姿とも重なり、それが自己嫌悪となってこの映画に対する不快感となったのだった。それが落ち着いた今、素直な気持ちでこの映画を見ると、なんと楽しく心温まる映画なことか。こんなにも丁寧に慈しむように卓球の映画を撮ってくれた人たちがいたことに、本当に心の底から感謝したい。

究極の卓球映像

私の卓球人生に決定的な影響を与えた一本の映像作品がある。アメリカのリフレックス・スポーツ社が一九九一年に発売したスーパープレー集ビデオ『The Wonderful and Wacky World of Table Tennis』だ。幕張での世界選手権の売店で見たのが最初だった。アペルグレンのロビングに江加良の超絶カウンター、リ・グンサンの殺人カットと、次から次へと繰り広げられる信じがたい映像に、文字どおり私の目は釘付けになった。今ならそんなビデオ、問答無用で買うに決まっているのだが、当時はまだグズグズしており、買った先輩からダビングをしてもらったのだった（その後、オリジナルもＤＶＤも続編もすべて買ったので許してもらいたい）。

このビデオが、見始めると止まらないビデオだったのだ。手に入れて一年くらいは、家ではもちろん、会社の昼休みにも毎日とり憑かれたように見ていたから五〇〇回は見ただろう。あまりにしょっちゅう見るので、しまいには音を出すだけで妻に「それだけは勘弁して」とお願いをされるようになった。ある後輩は三〇〇回は見たと言っていた。なぜこんなにも面白いのかといえば、面白く見えるように労力をかけて作られているからだ。一見当り前のようだがそうではない。当時も今も、記録や教育を目的とした作品はあっても、純粋に娯楽を目的とした卓球の映像作品はほとんどないのだ。

まず撮影が素晴らしい。もっとも重要なのはカメラの位置だ。コートに近いのでとても臨場感があり、選手もボールも、ものすごい迫力で迫ってくる。また、カメラが低いため、ボールの回転による上下の軌道の変化がわかり、実に表情豊かだ。さらに、サービスのときには選手を思いっきりズームアップし、ラリーの大きさに合わせて必要最小限に引いていくカメラワーク。卓球はボールも動きも小さな競技なので、大きく映さなくては絶対にダメなのだ。

これに絶妙に被せられたBGMと、コミカルな要素も入れたアイディアあふれる編集が、この作品を単なるファインプレー集にとどめず第一級のエンターテインメントにしている。「チンチキチンチキ」という独特のBGMと「キュキュキュッ」というシューズが擦《こす》れる音を聞くだけで興奮してきて、なぜだか笑いたくなってくる。そういうビデオなのだ。

すっかり興奮した私は「卓球メジャー化の鍵はここにあり」とばかり、熱に浮かされたようにテレビ局や卓球メーカー、はては国際卓球連盟会長（当時）荻村伊智朗にまで、テレビ放送の改善案について手紙を出しまくったのだった。迷惑した人もいると思うが、一九九〇年代前半の私の異常行動の原因はこのビデオだったのだ（笑）。

テレビ放送の問題点は、カメラ位置が高すぎることだ。必然的に両方の選手が離れて映るので、画面に入れるためにはズームアウトせざるを得ない。その結果、選手もボールも小さくしか映せない。おまけにコートから遠いので遠近感がなく、のっぺりとした画面を無表情なボールが行きかう映像となる。たまにフロアのカメラの映像になるかと思えば、ヤケクソのようにボールをどアップで追ったりしていて、可笑しいどころか泣きたくなる。高いカメラ位置の映像は安定していて美しいので、その魅力もよくわかる。それならせめて、ラリーの大きさに合わせて小まめにズームをして、できるだけ大きく撮ってほしい。世界最高のプレーをあんなに小さく撮られるのが残念でならない。

市販の映像ソフトでは、タマスから発売されている『試合から学ぶ』シリーズが最高で、映像的にはリフレックス・スポーツを完全に超えている。ただしこれは、教育的な目的で作られているので娯楽作品にはなっていない。これはこれでよいので、次はこの映像を活かして、一般の人も買いたくなるような徹底的な娯楽作品をぜひ作ってほしい。

さて、いよいよ二〇一〇年世界選手権モスクワ大会だ。問題はカメラ位置だ。テレビ東京には横浜の前に提案して効果がなかったのであきらめているが、ロシアスポーツＴＶにはすでにメールを送りつけてある。例によって無視されているが、こうなったら現地で放送席に突撃だ。ロシア語は〝サムソノフ〟と〝マズノフ〟くらいしか知らないが、あとはジェスチャーでなんとかなるだろう。カメラの前で押し問答をする男がいたらそれは私だ。逮捕されてウェブ速報ができなくならないように気をつけたい。

カメラ位置でこんなに違う

DVD『スウェーデン時代』

卓球王国から素晴らしいDVDが発売された。スウェーデン男子チームが一九八九年ドルトムント大会で中国を破るまでを描いたドキュメンタリー『スウェーデン時代』だ。製作者はヘンリク・ヨーグソン、ヘレーナ・エーゲルリッド、イエンス・フェリッカで、スウェーデンでテレビ放送されて好評を博したという。すでに母国ではDVD化されていたのだが、今回はそれに卓球王国が日本語字幕を付けてパッケージにも手を加えて発売されることになった。

冒頭、中国との決勝のトップでアペルグレンがサービスを出すところで画面はストップモーションとなり、場面は一九七〇年代に遡《さかのぼ》る。「これは小さな白いボールに対する愛情と、誰もが不可能だと言ったことを可能にした信念の旅の物語だ」というナレーションが入り、ドルトムントまでの長い道のりが語られ始める。もうこれは面白くないわけがない。

スウェーデンの世代交代の象徴となった、一九八二年のヨーロッパ選手権の準々決勝前夜、当時十六歳のワルドナーがベンクソンの部屋を訪れ「明日は僕が勝つ」と言って走り去ったとか（実際にワルドナーが勝ち二十歳のアペルグレンと決勝を争った）、江加良と施之皓のランダムコースに対するブロック練習を見て「不可能だ」と驚愕した話、一九八〇年代中頃から中国と互いにビデオ撮影をして徹底的に研究し合った〝ビデオ戦争〟、一九八七年ニューデリー大会では下痢で体重を七キロも落としたワルドナーが、そのことでかえって動きが速くなり、個人戦で〝ゾーン〟に入った話、これらが当時の映像や現在の関係者のインタビューで語られる。

後半はいよいよ冒頭のドルトムント大会の場面になり、なんと現在のアペルグレン、ワルドナー、パーソンが中国との決勝の映像を見ながら「江加良、すごいフォアハンドだ。この状況で凄いな」なんて語り合うのだ。決勝前夜、オーダーが選手に告げられた時の心境をパーソンが振り返れば、世界ランクがチーム内二位でオーダーから外されたリンドが落胆しながらも「あのチームにいてよかった」と語る。感動である。これが面白くなくていったい何が面白いというのだ。書いているだけで鳥肌が立ってくる。もう「子供は寝てなさい」という感じだ。自分でも意味がよくわからないが。

そう、これはかつてスウェーデンのヒーローたちに憧れた現在五十歳前後の世代、まさに我々のために作られた涙物のＤＶＤなのである。オリジナル版ＤＶＤのパッケージには「これを見逃す奴はバカだ」という新聞社のコメントが載っているが、まさにそのとおりのＤＶＤだ。

これまでも海外では優れた卓球の映像作品がいくつか発売されているが、日本語字幕付きで発売された物はない。また、日本では、指導や大会記録のＤＶＤは無数にある一方、映画を除けばエンターテインメントとしての卓球の映像作品はほとんどない。卓球のマーケットとしては世界有数の日本で、どうしてそういう作品が発売されてこなかったのか不思議でならない。海外には他にも素晴らしい映像作品が沢山あるので、卓球王国にはぜひとも日本語字幕を付けて発売してもらいたい。このようなＤＶＤの発売は、ビジネスとしてのみならず、卓球の魅力や歴史を伝えるという文化的側面からの計り知れない価値があるのだ。いや、正直に言おう。そんなことはどうでもいい。私が見たいだけです。お願いします。

それにしても素晴らしい時代になったものだ。大学時代、卓球の本で荻村伊智朗のすさまじくカッコいい写真を見つけ、動くことのないその写真をじーっと見ながら荻村と田中利明やバーグマンとの激闘に想いを馳《は》せたものだった。「この時代の試合のフィルムはきっとどこかに保管されているはずだ。しかしそれを自分が見る機会は一生ないのだ」と絶望的になったときの気持ちを今でもはっきりと覚えている。それが今や、荻村どころか伝説のバルナやロゼアヌの動画さえ見ることができるのだ。なんということだろう。「そのうち見ることができる時代が来るから楽しみに待ってな」と三十年前の自分に教えてやりたい。

そういうわけで『スウェーデン時代』のDVDが売れると、卓球王国は気をよくしてどんどんマニアックな映像ソフトに字幕を付けて発売してくれると思うので、ぜひとも買ってもらいたい。くれぐれもコピーしたりネットに上げるなどして販売枚数を減らすような〝自殺行為〟は慎んでもらいたい。

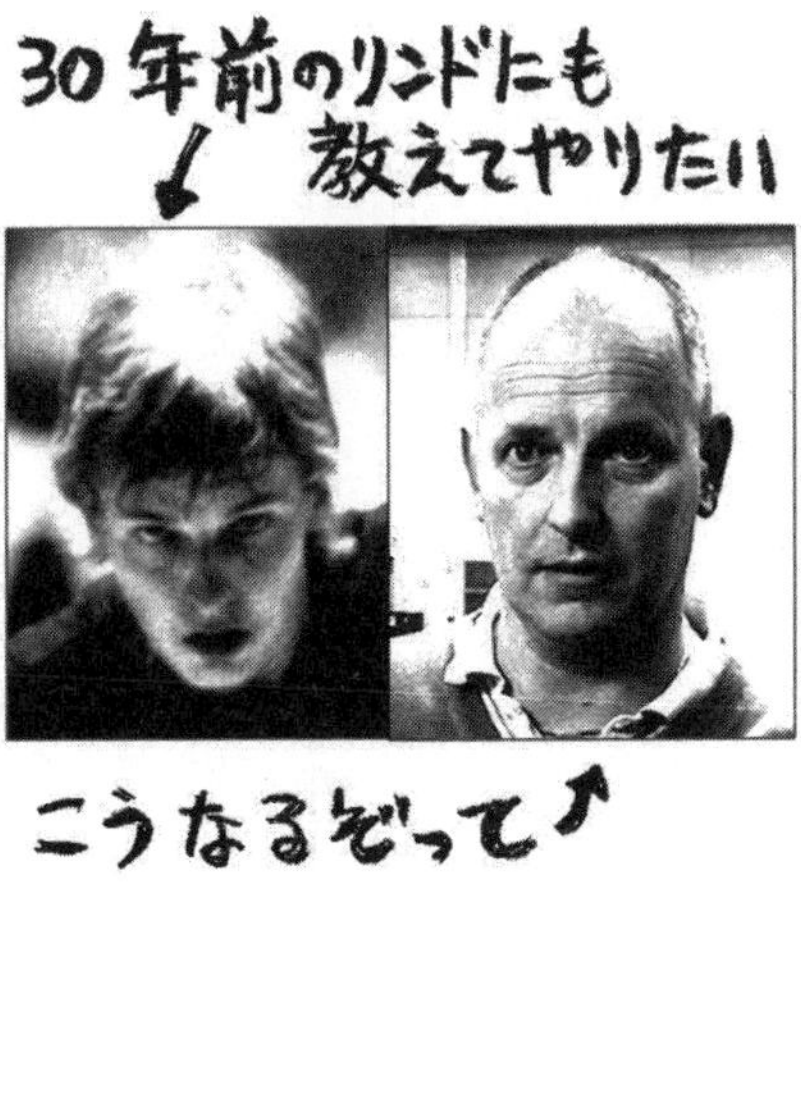
30年前のリンドにも
教えてやりたい
こうなるぞって

DVD『ザ・ファイナル』

それは二〇一二年世界選手権ドルトムント大会の帰りの飛行機の中でのことだった。私は今野編集長の隣に座り、お互いに気ままに話しかけては相手が映画を見たり寝たりするのを邪魔し合っていたのだったが、いつしか私は卓球の映像作品について持論をぶちかましていた。テレビ放送はカメラ位置が悪い、卓球の魅力を表現できている映像作品が日本にはない、素晴らしいプレーを後世に残さないのは卓球文化の損失だ、というようなことだ。渋い表情で（地顔だと思うが）しばらく聞いていた今野さんは「じゃ、条太さん、自分で作ってみる？　来年の全日本で」と言った。話の流れからすると、文句ばかり言う私の口封じとも取れる言葉だったが、以前から映像作品を作りたいと思っていた私は直《ただ》ちにこれを本気にし「ありがとうございます！」といって両手で今野さんの手を握り締めたのであった。「やめてよ気持ち悪い」と言われたことは言うまでもない。

今野さんはその場で「タイトルは〝ザ・ファイナル〟にします」と言った。もともとせっかちな人ではあるが、なんという決断の早さだろうと感心した。しかし最近聞いた話では、以前から作ろうとしてタイトルを考えていたそうで、これは感心損であった。

　もともと私は学生時代から映像作品を作っていたのだが、我ながらどれもこれもクズばかりであった。日本卓球協会が作った『80年代の卓球』という知る人ぞ知る（＝ほとんど誰も知らない）作品のパロディとして『90年代の卓球』というビデオを作ったが、その内容は「初心者のふりをして相手を油断させて勝つ」「低い構えから台の下をくぐって相手の足を引っ張る」「相手の選手の財布を盗む」といったもので、卓球メーカー数社にテープを送ったが何の反応もなかったのは当然であった。内容の悪さもさることながら、ほとんど知られていない作品のパロディなのだから企画そのもの

駄洒落を言いたくて
売れなかったら
本当にファイナル
だから
わかって
ますって
しつこい
このタイトルにしたのか

が破綻していたと言える。

そんな〝負の実績〟しかない私にＤＶＤの制作をまかせた今野さんは間違っていたのかと言えばそうでもない。私はオリジナリティや企画力はないのだが、手本があるものを真似することは得意なのだ。

卓球の映像作品における私の手本は明確だ。米国リフレックス・スポーツ社のスーパープレー集『The Wonderful and Wacky World of Table Tennis』だ。卓球をどのように撮影し編集をすれば面白くなるか、その答えはすべてこの作品の中にある。この作品の魅力を構成している、カメラワーク、編集、ＢＧＭ、珍プレー集などをすべて吸収し、それに大会のドキュメンタリーとしての記録性を加えたのが今回完成したＤＶＤ『ザ・ファイナル　２０１３・１』なのだ。

ＤＶＤの製作が決まってからは、これまでテレビ局やＩＴＴＦに撮影の改善を提案してきたことを後悔した。改善されたら私の出る幕がなくなってしまうではないか。実際には、相変わらずメインカメラは高いしフロアからはアップでボールを激しく追ってくれていて心強い限りである。くれぐれも変な気を起こさず今の調子で続けてもらいたい。

撮影では、エンターテインメント性を重視するため、見栄えのするカットマンを優先することをあらかじめ決めていた。カメラを担当した編集部の高部さんが「なんかカットマンだらけになっちゃってますが……」と不安そうな顔をしたものだった。「大丈夫、続けてください」と言いながら何かとんでもない間違いをしでかしているような不安に駆られたことを白状しておく。しかし結果としては素晴らしいプレーをたくさん撮れたので正しい作戦だった。

撮影前は、たった六日間の撮影でそんなに都合よくスーパープレーや珍プレーがあるのかと不安にもなったが、できてみると今まで作らなかったのが不思議なくらい「作って当然」の作品になった。全日本は映像素材の宝庫だったのだ。

この作品が市場でどの程度受け入れられるかは未知数だが、少なくとも「自分が見たいと思う作品を作る」という目標は達成できた。編集しながら何十時間も映像を見たのに、未だにスーパープレー集に興奮し、珍プレー集にニヤリとし、最後の歴代優勝者の名前が出るところで目頭が熱くなる（鉄道マニアが時刻表を見るだけで嬉しいのと同じだ）。

全日本の迫力と興奮と感動を詰め込んだ怒涛《どとう》の八〇分五六九カット。楽しむだけではなく、指導に、新入生の部員勧誘に、ぜひご活用いただきたい。

DVD『アウト・オブ・コントロール』

まったく何から書いてよいやら。とにかく素晴らしいDVDが卓球王国から発売された。監督は、今やドキュメンタリー映像作家として活躍中で、最新作『世界一美しい本を作る男』が日本でも公開されたヨルグ・アドルフだ。その彼がまだミュンヘン・テレビ映画大学の学生だった一九九九年、卒業制作として、かつて熱中していた卓球を題材としたドキュメンタリーを作ることを思いついた。タイトルは『Klein, schnell und außer Kontrolle（小さい、速い、制御不能《アウト・オブ・コントロール》）』で、卓球競技の神秘的世界を表している。このタイトルだけで並の作品ではないことがわかる。

アドルフは、当時十八歳だったティモ・ボルと、同じく二十歳だったラース・ヒールシャーが、地元ドイツのブレーメンで開催される二〇〇〇年ヨーロッパ選手権を目指す様子を十五カ月間にわたって密着取材し、見事なドキュメンタリーを作り上げた。カメラは試合会場や練習場はもちろん、ロッカールームやシャワールーム、自宅といったプライベートまで追い、若い二人のプロ卓球選手の日常を映し出す。

　自宅の部屋で一人無心に自分のフォアハンドの連続写真ブックをめくるボル、卓球を職業に選んだ息子の将来を心配するボルの母親、一部リーグに入るために自宅を出るヒールシャーと、その後に陥ったスランプ。これらのシーンを通して、成功という夢と引き換えに多くのものを犠牲にしているアスリートの孤独な姿が浮き彫りとなる。

　アクセントとしてときおり挟み込まれるのが、背景を黒に統一したスタジオのようなところで撮影された、一コマ五〇〇分の一秒のスロー映像だ。「卓球はスポーツというよりむしろ芸術です。我々はこのスポーツの美しさを見る目を養わなくてはなりません」とまで語るアドルフは、ボールに模

これが監督の

ヨルグ・アドルフだ

様をつけて回転が見えるようにし、選手の正面や横だけではなく、ときには真上や下からの撮影をも使って、卓球競技の神秘の世界を描き出す。

試合の場面では、元中国代表の丁松、クレアンガ、金擇洙、そしてワルドナーなどが彼らの対戦相手として登場する。当時、ブンデスリーガでボルと同じチーム（ゲナン）に所属していた田﨑俊雄選手が映っているのも、日本のファンには嬉しい。また、ボルが床屋に行く場面では、後にボルの妻となる女性店員が偶然映っている。

作品のクライマックスはもちろんヨーロッパ選手権だ。寡黙な努力家のヒールシャーと、気分屋の天才ボルという対照的な二人だが、その結末も見事に対照的となる。二人の歓喜と落胆のコントラストがスポーツの素晴らしさと残酷さを見事に描き出す。ドキュメンタリーならではのドラマだ。

卓球技術の観点からも興味深い場面が収められている。それは、ボルやヒールシャーに対するコーチたちの実際のアドバイスの様子だ。例えばヒールシャーは「フォアドライブを上じゃなくて前に振れ」としきりに注意をされているし、ボルは「バックハンドのときにもっと手首を使え」と言われている。つまり、我々一般の卓球愛好家と同じく、たいしたことは言われていないのだ。それがわかるだけでも面白い。こういう場面は、日本のテレビ番組の特集などでもありそうなものだが、実際には地味なためかほとんど見ることはできないので貴重である。

さらに面白かったのはボルの性格だ。練習はあまり熱心ではなくコーチによく叱られているし、試合中はベンチで弱音を吐いてばかりなのだ。「汗でグリップが滑るからもう入らない」と泣きごとを言ってはコーチに「大丈夫だからがんばれ」と叱咤されたりしている。北京五輪で岸川と大接戦をやったときもこうだったに違いない。そうとわかっていれば岸川も気が楽になって勝っていたかもしれない。早くこのＤＶＤを発売していればと悔やまれる。

これほどの卓球度の濃い作品なのにもかかわらず、この作品はドイツ国内でテレビ放送されて視聴者や評論家を魅了し「二〇〇一年度ベストドキュメンタリー賞」を受賞した。その後二〇〇八年にＤＶＤが発売されたが、今回はそれに日本語字幕を付けての発売となる。制作から十三年を経ての、もちろん日本初公開だ。

今回私は日本語字幕を担当したので、数週間というもの毎日映像を見たが、飽きるどころか見れば見るほど惹きつけられた。これほどのアイディアと労力が注ぎ込まれた傑作は、もう現われることはないかもしれない。そうならないことを願うばかりだ。

あとがき　〜卓球天国への階段〜

まさか「あとがき」までボツにされるとは思わなかった。一度、型どおりの謝辞などを入れたものを書いたのだが、卓球王国の今野編集長から「ひねりがない」「パンチが足りない」などという闇雲な要求があり、書き直している次第だ。なんとも厳しい。「〝ようこそ卓球地獄〟にかけて〝行ってらっしゃい卓球天国〟なんかどう?」などという極めてベタかつ意味不明（しかも若干不吉）な提案までされる始末で、別の意味でも厳しい。仕方がないので、とりあえず駄洒落をタイトルにして書き始めた次第だ。

本書は『月刊卓球王国』の連載コラム『奇天烈逆も〜ション』の二〇〇六年から二〇一四年七月号までに発表した一〇三本から選んだ

六十一本と、世界選手権の取材記事二本に加筆修正をしてまとめたものである。電子書籍としては、同誌で二〇〇四年から二年間連載をした『卓球本悦楽主義』をまとめたものを昨年出版しているが、紙媒体としてはこれが私の初の単行本となる。日本スポーツ文学史上（あるのかそんなの）、初のユーモアを中心とした本であり、日本一の卓球コラムニスト（一人しかいない）の名に恥じない画期的なものになったと自負している。

このような本が成り立つのも、あらゆるスポーツの中で、もっとも複雑でトリッキーで、ゆえに知的な卓球だからこそだろう。たとえば野球、テニス、陸上、ゴルフ、格闘技などを題材としたシリアスな読み物は沢山あるが、ユーモアやギャグを中心としたものはない。ギャグマンガはあるが、いずれもスポーツは登場人物の活躍する場として設定されているだけであり、スポーツそのものに深くかかわるギャグを展開しているわけではない。そもそもスポーツというのは、汗を流して泣いたり吠えたりして真面目にやるものであって、笑ってやろうという考えが間違っているのかもしれない。

ところで卓球天国とは何だろうか。卓球をやる者は誰でも、自由にボールを操る理想の姿に近づこうと努力をする。もちろんそう簡単には上達しない。新しい技術を覚えたり感覚をつかんだと思った瞬間は天にも昇る気持ちになるが、ほどなくそのコツは幻のように消え、失意の底に沈む。卓球生活とはこの繰り返しであり、うまくいかない時間の方がずっと多いのだが、ときどき訪れる、輝かしく誇らしい瞬間が忘れられず人は卓球をする。ときどき、何を食ったのかと思うほど強い小学生や中学生がいるが、もちろん彼らは彼らなりに悩むのだ。上には上がいるのだから。このような、決して理想にたどり着けずにもがき苦しみ、それでも止められない様子を私は卓球地獄と表現したが、同時に、これは卓球の醍醐味そのものであり、卓球地獄と表裏一体の卓球天国なのである。そう、卓球天国とは、我々がいるここのことなのだ。

それにしても、天国だか地獄だか知らないが、私もまさか五十になるまで卓球と戯れ続けることになるとは思わなかった。もともとの凝り性のせいもあるが、出会った人たちの影響も大きい。中学時代の先輩、高橋重幸さんの正気とは思えない卓球への情熱を見せつけられなかったら高校で卓球を続けたかどうかわからなかったし、高校時代の指導者、柏山徹郎さんには、世の中に卓球ほど重要なものはないという、よく考えれば何の根拠もない妄想を刷り込まれた。「卓球地獄」も彼の言葉である。

大学時代には、卓球に関するバカ話を際限なく語り合える得難い後輩、戸田純一と田村亮が時間差で登場してくれたのも幸運だった。不特定多数に自説を開陳できるインターネットがない時代、こやつらがいなかったら私は卓球に関して語ったり書いたりする情熱を保てなかっただろう。いくら私でもひとりで語り笑い続けることは無理だった。大学院浪人時代に入会した桔梗苦羅舞の村上力さんには、めまいを覚えるような卓球技術と詐術の深淵な世界を垣間見せられ、卓球技術について本当に深く考えるようになった。

これらの出会いに加え、大学を卒業する頃になると、荻村伊智朗が雑誌や著作で神がかった名文を披露していたし、スウェーデンは中国を破るし、『TSPトピックス』（ヤマト卓球）は先鋭的な記事で日本の卓球を変えようとしていた。よもや私が何もしないでいられるわけもなかった。と言っても、やったのは卓球雑誌に4コママンガを投稿したり、卓球メーカーにビデオ作品を送りつけたり、ウェブサイトを作ったり、卓球本を収集したりのどうにもセコいことばかりであったが、それらが間接的に卓球王国での連載につながったのであるから、これらが私にとっての「卓球天国への階段」だったということになるのだろう。

卓球王国で連載を始めるにあたっては、尻込みする私を穏やかに厳しく諭してくれた偉大な卓球人の故・藤井基男さん、連載中においては「イマイチなのでもっと面白くお願いします」と的確なアドバイスによってしばしば駄作を傑作に変える奇跡を起こしてくれた担当編集者の渡辺友くんの力が大きい。彼らなくしてこの本はなかった。

そしてここ何年か、夜な夜な帰宅途中の車中から電話をかけてきては、「面白い話があります」とすでに二回も聞かされた話をしてくれる卓球界のフィクサーかつ卓球王国編集長・今野昇さんの気の迷いによって本書の発売は実現した。彼の気が変わらないうちにこのあとがきを書き終えることが当面の課題である。

もしもこの本が首尾よく売れた暁《あかつき》には、今回の選に漏れた連載コラムに『卓球本悦楽主義』と4コママンガをつけてゴテゴテにした単行本をもう一冊出してもらおうと目論《もくろ》んでいる。そのときは書名を『卓球天国の扉』とでもしよう。本書を手にしてくれたみなさんとそこで再びお会いできることを願っている。

伊藤条太　二〇一四年六月

伊藤条太
いとう・じょうた

1964年岩手県奥州市に生まれる。中一から卓球を始め、高校時代にシングルスで県ベスト8。大学時代、村上力氏に影響を受けペン表ソフトから裏ソフト＋アンチの異質反転ロビング型に転向しさんざんな目に遭う。家電メーカーに就職後、ワルドナーにあこがれシェークに転向するが、5年かけてもドライブができず断念し両面表ソフトとなる。このころから情熱が余りはじめ、卓球本を収集したり、卓球協会や卓球雑誌に手紙を送りつけたり、ウェブサイト『現代卓球』『日本超卓球協会』を作ったりするようになり“その筋”の人脈ができる。2004年から『月刊卓球王国』でコラムの連載を始め現在に至る。2008年から世界選手権での〔裏〕現地速報（卓球王国WEB内）、2013年から全日本選手権のダイジェストDVD『ザ・ファイナル』（卓球王国）の監督も担当。著書に『卓球本悦楽主義』（2013年卓球王国より電子出版）がある。全日本選手権マスターズの部に4回出場するも全国では1勝のみ。2012年から14年ぶりにシェーク裏ソフトとなり、目も当てられない両ハンドドライブをマスターしつつある。東北大学工学部応用物理学科修士卒

ようこそ
卓球地獄へ

2014年7月31日 初版発行

著者 伊藤条太
発行者 今野 昇
発行所 株式会社卓球王国
〒151-0072 東京都渋谷区幡ヶ谷1-1-1
TEL.03-5365-1771
http://www.world-tt.com
印刷所 シナノ書籍印刷株式会社

ISBN978-4-901638-43-2

卓球王国の書籍

「卓球3ステップレッスン」

大橋宏朗・著（北海道・長万部中学校校長）

楽しく“グングン”うまくなる！　卓球の基礎を作るホップ・ステップ・ジャンプの上達法。ビギナーから指導者まで役に立つ技術・情報が満載。

●本体 1,500 円＋税　●A5 判　●ソフトカバー　●224 ページ
● ISBN978-4-901638-39-5

世界最強「中国卓球の秘密」

偉関晴光・監修（元五輪複金メダリスト・世界複チャンピオン）

中国選手が考えること、それは「いかにして試合で勝つのか」それだけだ。写真とともに中国卓球の技術・戦術・思想を細かに解説した一冊。

●本体 1,500 円＋税　●A5 判　●ソフトカバー　●304 ページ
● ISBN978-4-901638-34-0

「松下浩二の 必ず強くなる！ 勝つ卓球 !!」 松下浩二・著

試合で勝ちたい中級以上の選手に贈る、“勝つ”ための技術・戦術・練習法。

●本体 1,700 円＋税　●A5 判　●ソフトカバー　●168 ページ
● DVD（約 20 分）付き　● ISBN978-4-901638-32-6

「松下浩二の卓球入門」 松下浩二・著

全日本 4 回優勝、卓球界のパイオニアとして活躍した松下浩二氏が書き記した、基本の打法から中級者のテクニックまでをカバーした卓球技術書。

●本体 1,600 円＋税　●A5 判　●ソフトカバー　●176 ページ
● ISBN978-4-901638-09-8

「続 卓球 戦術ノート」 高島規郎・著

次の試合から生かせる、生きた戦術を満載。月刊「卓球王国」本誌で連載した人気ページを、項目別にわかりやすく編集した一冊。

●本体 1,500 円＋税　●四六判　●ソフトカバー　●312 ページ
● ISBN978-4-901638-36-4

「卓球 戦術ノート」 高島規郎・著

希代の卓球理論家・高島規郎が説いた「勝利の定石」。勝利をつかむための試合での戦い方をわかりやすく解説した卓球愛好家必携の書。

●本体 1,300 円＋税　●四六判　●ソフトカバー　●288 ページ
● ISBN978-4-901638-01-2